PE. GUILLERMO D. MICHELETTI

MARIA MADALENA

APÓSTOLA DOS APÓSTOLOS

Uma vida a descobrir

EDITORA SANTUÁRIO

COORDENAÇÃO EDITORIAL: Ana Lúcia de Castro Leite
COPIDESQUE: Sofia Machado
REVISÃO: Luana Galvão
DIAGRAMAÇÃO E CAPA: Mauricio Pereira

Dados Internacionais de Catalogação na Publicação (CIP) de acordo com ISBD

M623m Micheletti, Guillermo D.

Madalena: Apóstola dos apóstolos: uma vida a descobrir / Guillermo D. Micheletti. - Aparecida : Editora Santuário, 2022.
80 p. ; 14cm x 21cm.

Inclui índice, bibliografia e anexo.
ISBN: 978-65-5527-252-9

1. Religião. 2. Cristianismo. 3. Maria Madalena. I. Título.

2022-2912 CDD 240
CDU 24

Elaborado por Odilio Hilario Moreira Junior - CRB-8/9949

Índice para catálogo sistemático:
1. Religião : Cristianismo 240
2. Religião : Cristianismo 24

1ª impressão

Rua Pe. Claro Monteiro, 342 – 12570-000 – Aparecida-SP
Tel.: 12 3104-2000 – Televendas: 0800 - 0 16 00 04
www.editorasantuario.com.br
vendas@editorasantuario.com.br

Dedico carinhosamente este livro
às jovens coroinhas e ceremoniárias
da Paróquia Santíssima Virgem/SBC.

E se eu agora dissesse
que nesta conquista,
assim como os homens
fazem ofício de apóstolos na campanha,
assim o podem fazer as mulheres em suas casas?
Diria o que já disseram grandes autores:
Eles na campanha trazendo pessoas para a Igreja
fazem ofício dos apóstolos;
Elas em suas casas,
doutrinando conhecidos e vizinhos,
fazem também ofício de apóstolas.
Não é o nome nem a gramática minha;
é do doutíssimo Salmeirão, quem chamou as Marias:
Apostolorum apostolae: apóstolas dos apóstolos.

Antônio Vieira, *Sermão do Espírito Santo*.

SUMÁRIO

Umas palavras de introdução

Sabendo que a Igreja celebra em 22 de julho a *memória* litúrgica de Maria Madalena, fiquei feliz pela iniciativa do papa Francisco (3.7.2016) de elevar essa memória à categoria litúrgica de "*festa*" (isto é, reservada aos apóstolos e alguns santos especiais e mártires). Isso significa ressaltar a importância dessa discípula fiel a Jesus Cristo, que demonstrou grande amor por Ele, e Ele, por ela. Acho bonito que isso aconteça neste tempo em que o Espírito Santo conduz a Igreja para olhar com carinho essa multidão de mulheres que, com coragem e ousadia profética, trabalham silenciosamente anunciando o Ressuscitado a todos.

Não poucas vezes, após ter-me referido em homilias à figura de Maria Madalena, fiquei surpreso de algumas mulheres – especialmente catequistas – manifestarem-se curiosas e até inquisidoras sobre o que havia dito dessa queridíssima discípula de Jesus. Pois sempre tentei corrigir as "veementes e permanentes deformações" que o imaginário católico construiu ao redor da figura da apóstola do Ressuscitado.

Foi assim que comecei a traçar alguns esboços, que, aos poucos, deram à luz esta breve e atualizada catequese sobre Maria Madalena.

No decorrer das pesquisas, observei que rapidamente – e isso me resultou inquietude – a querida galileia, discípula, amiga e primeira testemunha da morte e ressurreição de Jesus de Nazaré, foi pouco menos que "esquecida", "marginalizada" e privada da força e do valor que ela possuía. Ainda mais, surpreende que a injustiça feita com a "apóstola" Maria Madalena pode ter acontecido com muitas mulheres cristãs ao longo da história.[1]

Discípula de Jesus, apóstola do Apóstolos, enviada pelo próprio Cristo a anunciar aos outros a ressurreição; mulher rica e de fé; uma pecadora arrependida, uma prostituta redimida, confundida com a irmã de Marta e de Lázaro, autora do Quarto Evangelho, esposa e companheira do Senhor e mãe de seus filhos; colocada na origem da dinastia dos Merovíngios, evangelizadora de Marselha, esposa de Paulo, adúltera salva da lapidação, personagem de proa da Igreja nascente em oposição a Pedro; símbolo da Sabedoria. Essas múltiplas identidades são apenas algumas das que, ao longo dos séculos, *foram atribuídas à mulher de Magdala*, pelo Novo Testamento, pelos escritos apócrifos, por escritores eclesiásticos e Padres da Igreja, por exegetas antigos e místicos medievais, por lendas populares e romancistas de grande sucesso e poucos escrúpulos... E poderíamos continuar,[2] pois, apesar de enigmática e controversa, é impossível apagar a figura histórica de Maria Madalena e sua dimensão teologal e eclesial. Ela é a apóstola dos Apóstolos, enquanto portadora de uma mensagem que só o amor entende e acredita, só o amor vê: Cristo vivo, ontem, hoje e sempre!

Pois bem, dividi a catequese em duas partes. Primeira: escrevo Maria Madalena como "fiel discípula de Jesus". Segunda: escrevo sobre a "Apóstola dos Apóstolos", tentando extrair desse carisma dela uma renovada e ousada dimensão do apostolado feminino hoje.

Porém não dissimulo o anseio de que a catequese possa divulgar melhor o valor do discipulado, abeberando no coração daquela corajosa mulher, pois, sob seu testemunho, abriga-se uma multidão de discípulas e discípulos, que, em todos os tempos, ousaram seguir e amar Jesus.

Assim mesmo, tratando-se de uma catequese, não me delongarei mais do que achei preciso nas questões que aqui aparecem. Apenas é uma catequese.

Sendo uma catequese, desejo promover um renovado conhecimento sobre Maria Madalena, para que ela, tanto quanto "outras Marias", ridiculizadas, esquecidas, ocultadas da história, possa brilhar como autêntica testemunha da *única Boa Notícia* para a humanidade: Cristo, Senhor Nosso.

Para vocês, catequistas
Pe. Guillermo

Nota: Desejo agradecer especialmente a qualificada ajuda da Sra. Marta Pachiella Martinez e da Sra. Sandra Regina Cortez Becker, que, com oportunas sugestões e correções, deram maior agilidade ao texto.

PARTE I

DISCÍPULA DE JESUS

"Eu não posso temer um Deus, que se fez por mim tão pequeno em Jesus... Eu o amo."
(Santa Teresinha)

"Quem fica 'doente' de Jesus nunca mais deseja a cura."
(IBN Arabí, místico muçulmano)

1. O QUE SEU NOME DIZ...

O nome de Maria Madalena (*Μαριάμ ἡ Μαγδαληνή*) é mencionado explicitamente 12 vezes nos Evangelhos (*Mateus* 27,56.61; *Marcos* 15,40.47; *Lucas* 8,2; 24,10; *João* 19,25; 20,1-18) e sempre como "a Madalena". Entre as mulheres, excluindo-se Maria, a mãe de Jesus, é certamente a mulher mais citada.[3] Curiosamente, se Maria Madalena, com alguma probabilidade, era casada (ou viúva), no tempo em que conheceu Jesus, aparece *solteira, independente*. Assim, seu nome não aparece acompanhado de alguma referência a parentesco, senão acompanhado da "localidade" de pertença.[4] Com isso, parece aludir ao lugar de origem: "Magdala". Outros biblistas aludem que seu nome estaria ligado ao perfil temperamental *forte* e *enérgico*, pois "magdala", em hebreu, significa "*torre de vigilância*", "*fortaleza*". Uma outra tradição – pouco consistente – reporta seu nome ao mesmo Jesus.

O processo de formação dos Evangelhos direciona a leitura a partir do final do texto e não do início. A história da pregação *protocristã* inicia-se no anúncio da ressurreição, por isso mesmo, toda a vida do Nazareno, compreendida e contada como *Boa-Nova*, parte do mistério da ressurreição.[5]

Os quatro Evangelhos não são crônicas jornalísticas da vida e do ministério de Jesus; são narrativas sobre a vida dele dirigidas a homens e mulheres que formavam parte de quatro comunidades de seguidores do "artesão" da Galileia. Pois bem, esses relatos são a "memória" da vida de Jesus e de seus primeiros seguidores e são feitos de forma significativa para a vida presente e das novas comunidades. Nesse papel protagônico como discípulos e discípulas de Jesus de Nazaré, aparecem as mulheres, muitas mulheres: umas conhecidas, outras não. Essas mulheres foram modelo e exemplo para todos aqueles que desejaram se identificar como cristãos, como seguidores de Jesus.[6]

Aqui entra de cheio a importância do nome de Maria Madalena, solidamente testemunhada nos Evangelhos, especialmente nos relatos da paixão. Não seria possível fazer de outro modo; alguém, de preferência homem, deveria garantir a continuidade entre o antes e depois da Páscoa, entre a morte e a ressurreição. Mas o que surpreende é que foi uma mulher. Isso explica a frequência e a estabilidade com que seu nome aparece atestado, sobretudo na morte e a ressurreição de Jesus. Esses relatos, profundamente impactantes, mencionam uma pessoa concreta que não pode ser nem minimizada nem omitida: Maria Madalena.[7]

Por isso é digno de destacar a vital importância do nome de Maria Madalena e das outras mulheres. Como sabemos, o primeiro anúncio da vida de Jesus foi o mistério pascal, depois, aos poucos, foram se acrescentando os detalhes de sua vida terrena: nascimento, adolescência, parábolas, curações etc.[8] Por isso ninguém pode duvidar de que Maria Madalena era bem conhecida, isto é, uma mulher da cidade de "Magdala", cujo nome evocava a figura de uma mulher respeitável e influente. Sem ela, de fato, não estaríamos falando hoje nem da paixão e da cruz, nem da ressurreição de Jesus.

2. Qual é sua cidade: "Magdala" ou "Tariquea"?

Quanto à localização precisa do povo de Magdala, sempre foi motivo de intensas discussões, pois nos Evangelhos não aparece menção nenhuma a alguma localidade denominada *Magdala*. Mesmo que em alguns documentos encontremos "*Migdal Nunnayah*" (Torre dos peixes), isso não confirma a localidade da Madalena.

Tentando responder a essa questão, teceram-se algumas hipóteses: existe um lugar chamado "*Magadan*" (*Mateus* 15,39) e que Marcos identifica como Dalmanuta (*Marcos* 8,10), por onde alguns autores reportam que passou Jesus alguma vez, especialmente quando aparece Dalmanuta como o lugar da segunda multiplicação dos pães.[9]

O historiador Flavio Josefo fala de uma cidade ao norte de Tiberíades, chamada em grego de "*Tariquea*" (peixe salgado = peixe: ἰΧθύς; salgado: ταριχευτός).[10] Com efeito, pelas escavações realizadas no lugar, pode-se aceitar que Tariquea seja o lugar de origem de Maria Madalena. As ruínas revelam a existência de uma cidade de 40.000 habitantes, próspera e muito bem-conceituada; bem traçada no estilo helenista, de intensa atividade comercial e porto lacustre (à margem do mar de Galileia);[11] amplas áreas sociais e até se conserva um edifício público com chão de pedra e dois banhos rituais com mosaicos.[12] Apresentava, além de uma intensa atividade de salgado e venda de peixes, a elaboração do "*garum*", famosa "pasta de peixe", comercializada além das fronteiras da Palestina. Existia, ademais, forte indústria da tinturaria e da tecelagem de seda e uma discreta carpintaria naval. Por essas características, os arqueólogos a chamaram "Pompeia israelense".[13]

No decorrer do tempo, na Primeira Guerra Judaica, segundo Flavio Josefo, muitos habitantes da região participaram da oposição às Legiões romanas de Tito e Vespasiano.

O nefasto acontecimento resultou em uma cidade massacrada e a maioria dos jovens escravizados. No decorrer dos séculos, a cidade reergueu-se, até ficar totalmente destruída em 363 d.C. por causa de vários alagamentos. Por isso algumas partes da cidade permaneceram enterradas em lama por quase dois mil anos (preservadas com a estrutura da época); enquanto em outras, a vida continuou normalmente. Prodigiosamente, permaneceu ativo um mosteiro que lembrava com carinho a figura de Maria Madalena.[14]

3. HÁ "MUITAS MARIAS" NO EVANGELHO

Quando esfolhamos os Evangelhos, aparece uma multidão de "*Marias*" e somos obrigados a distinguir bem uma da outra a fim de esclarecer corretamente a identidade de Maria Madalena. De início, podemos afirmar que a Madalena nada tem a ver com a "pecadora", que lavou os pés de Jesus na casa de Simão (*Lucas* 7,36), nem com Maria de Betânia (pequeno vilarejo a 3 km ao leste de Jerusalém, em direção a Jericó), irmã de Marta e Lázaro (*Lucas* 10,39-42).

Sejamos sinceros, é justo pedir perdão a três mulheres: Maria (irmã de Marta e Lázaro), Maria Madalena e a "pecadora" desse episódio (não sabemos o nome). A Maria pedimos perdão por confundi-la com a personagem de Lucas, conhecida como "pecadora". E, pelo mesmo motivo, pedimos perdão a Maria Madalena, por tê-la confundido com uma mulher de vida desajustada. Na verdade, nos Evangelhos, de Maria Madalena se dizem somente coisas extraordinárias. Lucas afirma, por exemplo, que Jesus a libertou de sete demônios e que ela, com outras mulheres, servia Jesus (*Lucas* 8,1-3). João a mostra aos pés da cruz[15] (19,25) e como apóstola, a grande anunciadora de Jesus ressuscitado (*João* 20,11-18; *Mateus* 27,56.61; 28,1; *Marcos* 15,4-47; 16,1.9; *Lucas* 24,10). Enfim – a meu ver – é mais que justo pedir perdão porque, por dois milênios, achamos que os homens foram as primeiras testemunhas e os anunciadores da vitória da vida sobre a morte.[16]

Curiosamente, nos Evangelhos, Jesus aparece sempre acompanhado de muitas mulheres; embora de muitas não tenhamos os nomes. De todo modo, aos olhos daquela sociedade, essa situação era, no mínimo, indecorosa, escandalosa e de duvidosa moralidade, pois dificilmente uma mulher judia podia andar sozinha pelas ruas, muito menos falar com um homem. No entanto Maria Madalena aparece muitas vezes, tanto sozinha como acompanhada. Vejamos os textos:

- ***Lucas*** 8,1-3 discípula (de quem saíram 7 demônios): "*... e também algumas mulheres que tinham sido curadas de maus espíritos e de doença: Maria, chamada Madalena, de quem haviam saído sete demônios*".
- ***Mateus*** 27,55-61: "*Grande número de mulheres estava ali ... Entre elas estavam Maria Madalena, Maria, mãe de Tiago e de José, e a mãe dos filhos de Zebedeu*".
- ***Mateus*** 28,1-10 (foram ver o sepulcro): "*No fim do sábado, ao raiar do primeiro dia da semana, Maria Madalena e a outra Maria foram ver o sepulcro ...*".
- ***Marcos*** 15,40-41 (testemunhas da morte): "*Estavam ali também algumas mulheres olhando de longe; entre elas, Maria Madalena, Maria, mãe de Tiago Menor e de José e Salomé ...*".
- ***Marcos*** 15,47 (testemunha do seu sepultamento): "*Maria Madalena e Maria, mãe de José, observavam onde ele havia sido colocado*".
- ***João*** 19,25 (junto à cruz de Jesus com Maria, Mãe de Jesus): "*Junto à cruz de Jesus estavam de pé sua mãe e a irmã de sua mãe, Maria de Cléofas, e Maria Madalena*".

• ***João*** 20,1 (a pedra removida): "*No primeiro dia da semana, ao amanhecer, enquanto ainda estava escuro, Maria Madalena foi ao túmulo e viu que a pedra tinha sido removida ...*".

• ***João*** 20,11.18 (Maria, anunciadora de Jesus): "*Entretanto, Maria havia ficado perto do túmulo, do lado de fora, chorando ... Então Maria Madalena foi anunciar aos discípulos: 'Eu vi o Senhor', e contou o que ele lhe havia dito*".

Em um quadro descritivo vemos como Maria Madalena aparece em não poucas ocasiões acompanhada de "outras mulheres".[17]

	Marcos	Mateus	Lucas	João
Ministério na Galileia			Maria, a chamada Madalena (da qual foram expulsos sete demônios), Joana, a mulher de Cusa, administrador de Herodes e Susana (8,1-3).	
Crucifixão	Maria Madalena. Maria a mãe de Tiago, o Menor, e a de José e Salomé.	Maria Madalena; Maria a mãe de Tiago e José. A mãe dos filhos de Zebedeu.	As mulheres que o haviam seguido desde a Galileia.	Sua mãe e a irmã de sua mãe, Maria de Cléofas, e Maria Madalena.
Sepultura	Maria Madalena e Maria a de José.	Maria Madalena e a outra Maria.	As mulheres que tinham vindo com Ele desde a Galileia.	Nenhuma (José de Arimateia e Nicodemos).
Visita ao túmulo	Maria Madalena; Maria a de Tiago.	Maria a Madalena; a outra Maria.	Maria Madalena, Joana e Maria de Tiago	Maria Madalena (outras?: não sabemos ...).
Revelação: angelofania e cristofania	Maria Madalena; Maria a de Tiago.	Maria Madalena; a outra Maria.	Maria Madalena, Joana e Maria a de Tiago.	Maria Madalena.

Lucas, curiosamente, cita os nomes de muitas mulheres, cuja importância permite enumerá-las entre a "lista dos discípulos". De Maria Madalena já falamos; Joana, mulher de Cusa, encarregado da casa de Herodes Antipas, administrador de seus assuntos domésticos, a qual viajava com Jesus e seus apóstolos (*Lucas* 8,1-3), será uma das testemunhas do túmulo vazio e anunciadora da ressurreição (*Lucas* 24,9-10); e de Susana, nada sabemos. Certamente o grupo de seguidoras era bem maior.

4. Os pecados e os "demônios" de Maria Madalena

Como já dissemos, muitas mulheres seguiam Jesus, e a muitas curou de doenças. No entanto, curiosamente, nos Evangelhos, Maria Madalena é a única de quem se diz que foram expulsos "*sete demônios*"! (*Lucas* 8,1-2).[18] Que horror! Que significa isso? Para o Evangelho de Lucas, a "*possessão*" não significa "*pecado*" ou "*encosto*", e sim "*doença*". O número 7, sempre simbólico, parece indicar a gravidade da situação, de "alguma coisa", que está a destacar que aquela doença era grave, fora do comum.[19]

Descartamos a hipótese de "*possessão demoníaca*" no sentido "físico" do termo, pois, hoje, à luz de estudos bíblicos e medicinais ponderados, sabemos que não se trata da incorporação de alguma "criatura" que fosse.[20]

Assim sendo, a respeito dessa "*endemoninhada*" situação, teceram-se várias hipóteses, que, a seguir, tentarei sintetizar. Então se pode tratar de:

1. Um desvio de "ordem sexual"? Sobretudo quando erroneamente Maria Madalena foi identificada como a "pecadora" na casa de Simeão, segundo a passagem de *Lucas* 7,36. Sabe-se que, por uma certa tradição, Maria Madalena teve uma família abastada e bem conceituada naquela sociedade da região de Magdala, mas não se sabe como foi a situação no decorrer da vida.[21] Por outra parte, sabe-se que as autoridades romanas eram cruéis ao momento de exigir o pagamento dos impostos atrasados; normalmente, requisitada a propriedade como parte do pagamento, o dono da casa e os filhos jovens ficavam nela trabalhando em condições de quase escravidão. E muitas mulheres, se não tinham algum familiar que as acolhesse, viravam prostitutas para sobreviverem.[22] Fato bastante comum naquela corrupta e patriarcal sociedade, em que a mulher era vista como objeto de uso e abuso, com uma função bem definida: gerar filhos e servir fielmente ao homem, pois, de acordo Flávio Josefo: "segundo a Torá, a mulher é inferior ao varão em tudo (e a ele serve)" (*Contra Apión* II, 201). Pode ser que com Maria Madalena tenha acontecido alguma coisa desse tipo, não obstante, segundo alguns estudiosos, essa proposta *não aparece a melhor e mais fundamentada; imaginá-la nessa situação pode ser mero exercício de fantasia.*[23]

2. Um desvio de "ordem psicológica"? Maria Madalena seria uma mulher física e psicologicamente fragilizada, deprimida e padecendo anorexia nervosa.[24] Muito provavelmente unida à tendência a se suicidar, o que, não raro, acontecia naquela sociedade entre os mais pobres e marginalizados. Outra versão diz que Maria Madalena seria "*louca*", "frenética" (πάροιστρος), seguidora de "um bruxo que enganava o povo".[25] Assim foi reconhecida por alguns grupos nos primeiros tempos do cristianismo. Orígenes (185-253 d.C.) refere que o filósofo pagão Celso zomba e ataca contundentemente os cristãos dizendo que a crucifixão e, sobretudo, a ressurreição de Jesus partem das "artes mágicas" de uma mulher (Maria Madalena), que se comporta de maneira louca, junto de outras da mesma banda de tapeadores (*Contra Celsum*. Liber II, 55. PG, 11, c. 883).

3. Um desvio de "ordem opressiva"? Suportava uma situação difícil, tipo esquizofrenia. Talvez, Maria Madalena teria dificuldades de vencer variados desvios de conduta, como se manifesta em pessoas que devem lutar para vencer as tentações contra os dons do Espírito Santo. Não parece muito provável.

4. Um desvio em ordem à saúde geral? Provavelmente, Maria Madalena padeceria de uma enfermidade grave, acompanhada por momentos de tristeza, depressão, amargura, falta de autodomínio, desordem interior. O Evangelho não assinala nenhuma dessas coisas; são apenas conjecturas, e não desejamos fantasiar sobre a questão ...

Ou, pelo contrário, Maria Madalena foi:

5. Uma mulher "fora de seu tempo". Pensar que Maria Madalena era uma mulher "estranha" para os padrões patriarcais da antropologia cultural do tempo não seria nada raro. Ela é curiosamente a única Maria citada por sua procedência e não por seu parentesco. Ela não é "*filha de*", "*esposa de*", "*irmã de*" ou "*mãe de*", denotando notável independência (situação nada comum naquela época). Esse perfil poderia ser aplicado a uma mulher que lhe tocou viver em uma época conturbada dentro do que se considerava "normal e obrigatório" para a mulher fazer; pois não estar estavelmente casada – estado de vida "normal" das mulheres –, sendo "solteira" (ao menos no tempo em que conheceu Jesus), era motivo de suspeita e desprezo.[26]

O fato de Maria Madalena ser parte de um movimento "profético" e "não menos revolucionário", no qual ela percebeu a "singularidade" que o Mestre Jesus, o "camponês da Galileia", "o filho do artesão", oferecia aos ouvintes, provavelmente a levou a perceber que "haviam chegado a hora e o momento que estava esperando" há muito tempo. A região da Galileia era conhecida como a região dos "*empobrecidos e impuros*" e tão malvista que chamar alguém de "*galileu*" soava como insulto. Depreciativamente, os seguidores de Jesus, antes de serem chamados de "cristãos", eram apelidados de "*galileus*" (*Atos* 2,7). Ficou famosa a expressão de Yojanán bem Zakkai: "*Galileia, Galileia, tu não és gente, desprezas as palavras da Torá*".

Por outra parte, surpreende que Maria Madalena, sendo mulher rica, que poderia normalmente ter aderido – como de costume – ao grupo dos fariseus, não tenha agido desse modo. Aderiu àquele "artesão itinerante", que ensinava e promovia estruturas de convivência, em que homens e mulheres eram iguais em seu seguimento a serviço do Reino de Deus e formavam uma comunidade sem dominação masculina e sem hierarquias estabelecidas pelo homem; àquele pregador misturado entre os impuros, ignorantes, pagãos, os "invisíveis" daquela sociedade: "os ninguém da sociedade". Os seguidores de Jesus encontraram um novo lar e uma nova família em que os irmãos e as irmãs não deviam reverenciar ninguém que se colocasse em nível superior aos demais com autoridade paterna; todos compartilhavam a vida, as palavras de Jesus e o amor fraterno: os homens *perdem o poder patriarcal,* e as mulheres *ganham igual dignidade.*[27]

Do mesmo modo, diante da novidade do cristianismo, a proposta fundamental de Jesus era formar comunidades de pessoas simples: pobres e excluídos ao mesmo tempo, colocando o centro da preferência no amor misericordioso (perdão) e na justiça de Deus, promovendo a "*solidariedade compartilhada*". Seu grupo era uma comunidade de iguais, na qual o primado era para os últimos, para os quais os demais estavam chamados a oferecer solidariamente seu serviço.[28] Isso implicava uma série de relações humanas horizontais surpreendentes às estruturas hierárquicas presentes no Império romano; sobretudo no que diz respeito ao papel ativo das mulheres nas comunidades e na comensalidade dos "sem honra" (as propostas de horizontalidade e equidade criadas pelo mesmo Jesus atraía muitas pessoas).[29]

Podemos, então, experimentar, de certo modo, o que aconteceu no coração de Maria Madalena, aplicando para nós o que Pedro aplicava a si mesmo em sua Primeira Carta: Bendito seja Deus, Pai de meu Senhor Jesus Cristo, que, segundo sua imensa misericórdia e da ressurreição de Jesus Cristo da morte, regenerou-me para uma presença viva. Estava desesperado(a), mas ele me deu esperança. Para uma herança incorruptível, já estava desesperado(a), era como uma pessoa expulsa de casa; agora possuo uma herança que não se corrompe; incontaminável, e que não tem fim, reservada para mim no céu por teu poder que é custodiada para minha salvação, próxima a se revelar (1,3-5).[30]

O fato é que, só de pensar em ser curada da grave situação (doença) em que ela se encontrava, dá para compreender o amor que ela teria por Jesus. É a reação natural e lógica que toda pessoa tem por alguém de quem recebeu atenção caridosa de imenso valor e muito significativa em sua vida. Jesus lhe devolveu a condição de ser reconhecida como pessoa íntegra e ser digna de fazer parte de uma comunidade. No entanto devemos observar que não apenas por ter sido curada Maria Madalena decidiu-se seguir o Senhor. Foi, certamente, uma amorosa "experiência de chamada" que a levou ao discipulado. Pois, segundo Lucas, Jesus curou muitas pessoas que depois "não o seguiram". De fato, Jesus nunca estabeleceu como condição obrigatória a ligação entre as curas e o seguimento; aliás, por vezes, foi o contrário (*Lucas* 5,14.25).[31]

Na verdade, curar mulheres não deu boa fama a Jesus; no entanto, ele não ocultava seu carinho para com as mulheres; ele gostava muito delas. *As palavras e ações de Jesus revelam sua identidade*: seu olhar amoroso, sua proximidade e compaixão transformaram a vida de muitas mulheres e muitos homens. O poder que acompanhava Jesus de Nazaré vem demonstrar os sinais do tempo messiânico que chegou. Jesus com suas atitudes inaugurou uma Nova Era, que abraça e promove o ser humano em todas as suas dimensões.

5. O QUE ACONTECEU COM A MADALENA? DE APÓSTOLA A PROSTITUTA...?

Normalmente, quando se pergunta quem foi Maria Madalena, responde-se quase sempre que era uma "pecadora pública arrependida". No entanto nenhum texto do Evangelho diz que ela o fosse.

Infelizmente sua identificação como "prostituta" permitiu ocultar a profunda e fraterna ligação de Jesus com as mulheres, mesmo aquelas de vida irregular. Todas foram sempre importantes nos Evangelhos, pois as mulheres amam mais que os homens, compreendem melhor o amor. O que é digno de destacar é a importância de Maria Madalena na vida de Jesus: foi central e decisiva. Por isso se explica que transformá-la em pecadora tornaria mais fácil *eliminá-la* do papel de apóstola, em uma sociedade profundamente machista. E, assim, como Maria Madalena, a mulher ficaria doravante impossibilitada de ser ordenada para servir à Igreja.

Foi a partir do século IV que a imagem de Maria Madalena como "mulher da vida" fixou-se popularmente. Gregório de Nissa e especialmente Santo Agostinho contribuíram nesse quesito. Agostinho, que louva Maria Madalena como *"apóstola dos apóstolos"*, no entanto, acrescenta que ela seria a primeira a receber a graça da ressurreição de Jesus, porque a mulher foi a "primeira a introduzir o pecado no mundo". Logo, Maria Madalena foi confundida com a "pecadora" do relato lucano (7,36-50), convertendo-se em uma *"prostituta"*. Essa lenda cresceu a passos agigantados. Muitos teólogos e pregadores fizeram daquela mulher o símbolo da mulher lasciva e luxuriosa, possuída de demônios, representando a soma dos pecados capitais. Mulher que, depois de conhecer Jesus, arrependida e penitente, foi sua mais fervente seguidora.

Foi o papa Gregório Magno, em 591, a colocar Maria Madalena na configuração de "prostituta" quando, em sua *homilia* 33,[32] disse: "Aquela a quem o evangelista Lucas chama de mulher pecadora é a Maria da qual são expulsos os sete demônios, e o que significam esses sete demônios senão todos os vícios?" Eis o texto:

> Verdadeiramente cremos que esta mulher, a quem Lucas denomina mulher pecadora e João chama Maria, é aquela Maria da qual Marcos declara ter expulsado *sete demônios*. E que significam sete demônios, senão a totalidade dos vícios? Porque, já que todo o tempo se abrange em sete dias, com certeza a totalidade é simbolizada pelo número sete. Pois Maria teve sete demônios, isto é, está totalmente cheia de todos os vícios.

Maria Madalena, identificada já como aquela mulher que na cidade "era pecadora" (*Lucas* 7,37), foi convertida em *prostituta arrependida*. Deu-se por suposto a índole sexual do pecado a ela atribuído (*Lucas* 7,36-50), apesar de o texto lucano ser ambíguo quando utiliza o termo genérico "pecadora" e não o específico "prostituta", como o faz em outras ocasiões. Essa identificação não surpreende naquela sociedade patriarcal, em que se considerava que "*o pecado feminino por excelência*" fosse de índole sexual, sendo que o olhar sobre a mulher se reduz "ao corpo" e ao "corpo sexuado" direcionado prioritariamente a dar prazer e descendência ao homem.[33]

Com essa afirmação, o papa Gregório fez a fusão de três Marias: Maria, a pecadora, "que unge os pés do Senhor"; Maria, a de Magdala, liberada por Jesus de sete demônios, entre as mulheres que o assistem; e Maria de Betânia, irmã de Marta e Lázaro. "A Igreja do Oriente acredita que são três mulheres diferentes, enquanto a Igreja do Ocidente crê firmemente na identificação como a *mesma mulher*, Maria Madalena" (Jennifer RISTINE).

Mas não apenas Gregório Magno foi o único responsável. Alguns autores associaram Maria Madalena a uma mulher mencionada no século II no *Talmud*, chamada "*Miriam Megddlela*", que significa "Maria de cabelo trançado". Sendo que na comunidade judaica esse título era adjudicado a mulheres de má reputação: adúlteras ou prostitutas.

Infelizmente a arte representou Maria Madalena como prostituta; menos em Roma, porque na cidade do Papa "não se podia admitir que houvesse prostitutas" (mas, na verdade havia, e muitas); por isso as prostitutas usadas como modelo para pintar a Madalena eram mulheres de Veneza ou, do contrário, só podiam representar Maria Madalena como "pecadora arrependida".

No entanto deve-se destacar que as apreciações sobre Maria Madalena nas tradições eclesiais do Oriente e Ocidente aparecem claramente "em oposição". Enquanto a Igreja Ocidental – a partir do século IV – confundiu a figura de Maria Madalena com a "pecadora" de Lucas na casa do fariseu Simeão, a Igreja Oriental sempre venerou sensivelmente a figura dela; nunca sua imagem foi moralmente deturpada. Aliás, sempre foi venerada como fiel seguidora de Jesus e testemunha privilegiada do *Kúrios Ressuscitado.*[34] Ainda, os Padres Gregos reconhecem Maria Madalena como a "*isapóstolos*" (ἰσάπόστολος), vale dizer "igual em dignidade aos apóstolos".[35]

Independentemente de terem criado em Maria Madalena o estigma de "meretriz", a teologia feminista de hoje tenta livrá-la com sérios fundamentos, pois ela – no melhor das pesquisas – aparece como mulher influente, tanto econômica como socialmente; economicamente, era uma mulher "bem-sucedida" e socialmente, porque, apesar de crescer e viver em uma sociedade religiosa estrita, decidiu romper esquemas e seguir Jesus. Por isso Maria de Magdala se apresenta como "*modelo de liderança para as mulheres*".[36]

6. Será que Jesus "beijava" Maria Madalena?

O gnosticismo, definido como conhecimento dos mistérios divinos reservados a uma privilegiada elite (Ugo BIANCHI), constituído na heresia mais séria a ameaçar o evangelho em território helenista, sempre demonstrou grande interesse por Maria Madalena. Os gnósticos pensavam que Cristo Mestre transmitia ensinamentos secretos, recolhidos na "*Pístis Sophia*" (obra fundamental do gnosticismo)[37]. Maria Madalena aparece nesse escrito como uma apóstola de pleno direito, que chega a opor-se a Pedro, a ponto de vencê-lo depois de se ter transformado "em um homem", ou melhor, "em uma espécie de ser andrógino".[38]

Segundo a doutrina gnóstica, dentro do ambiente cristão, o mal primordial da humanidade consiste em que a unidade androgênica original do varão e a mulher quebrou-se ao se separar Adão de Eva. A reunificação foi obtida por Cristo. O "beijo santo" é a porta da sacramentalização desse fato salvador. Maria Madalena representa a "Sabedoria", por isso perfeita companheira do Senhor. Sabemos que no ambiente gnóstico a transmissão da sabedoria era concretizada pelo "beijo", isto é, pela transmissão do "hálito/sopro santo" do Mestre. Então Maria Madalena, como autêntica discípula de Jesus, "recebia essa inspiração" ou "iniciação" pelo *beijo* para chegar a ser "perfeita em todos os mistérios do alto" (*Pistis Sophia* 17). Como se percebe, isso nada tem a ver com a forma de vida e ensinamento de Jesus.[39]

Maria Madalena não foi esquecida dos agnósticos que se diziam cristãos. Sabe-se que, no ambiente gnóstico do século II e III, ela era apresentada como a mulher que havia compreendido completamente o mistério de Jesus, por isso capacitada a transmiti-lo aos discípulos, embora Pedro e os outros não aceitassem essa situação, isto é, ter de escutar uma mulher sobre os secretos que eles ignoravam. Nos escritos gnósticos se narram episódios e se expõem discursos que só podem ser entendidos pelos "iniciados" nos segredos gnósticos. Atribuir a esse erro valor histórico não, significa negar a real e verdadeira importância que Maria Madalena tinha como intérprete autorizada de Jesus. No entanto devemos observar com cautela os exageros que inventaram criando uma forte "rivalidade" com Pedro.[40]

Vejam o que diz o *Evangelho copta de Tomé* (apócrifo):

> Simão Pedro lhe disse: "Maria deve ir-se de nosso meio! Porque as mulheres não são dignas da vida. Jesus disse: Eis, que a guiarei de modo a fazer dela um homem, a fim de que ela se torne um espírito vivo igual vós, homens. Porque toda mulher que se torna homem entrará no reino dos céus".[41]

Lemos também nesses trechos do *Evangelho apócrifo de Felipe*:[42]

> Havia sempre com ele três mulheres: Maria, sua mãe, a irmã (de sua mãe) e Madalena, que era chamada de companheira, porque Maria é a sua mãe, irmã e companheira ao mesmo tempo. Enquanto à sabedoria, que é chamada "eternal', ela é mãe dos anjos e companheira do Salvador, Maria Madalena. Cristo a amava mais do que ao resto dos discípulos e costumava beijá-la na boca frequentemente (59,6-11 e 63,1-2).

> Maria era amada do Salvador de um modo particular e amada muito mais do que as outras mulheres (*Ev. de Maria e de Felipe*), sua companheira (*Ev. de Felipe*). E Jesus respondendo à pergunta sobre por que era amada desse modo? No *Evangelho de Felipe* ela é indicada

como a pessoa que "*vê a luz*", diferente de um cego que está na escuridão. É, portanto, a luz a estar no centro do amor e das motivações dos sentimentos de Jesus para com ela. E Levi, respondendo a Pedro no *Evangelho de Maria*, afirma: sem dúvida o Salvador a conhece profundamente. Por isso ele a ama mais do que todos nós (18,13-14).[43]

7. Maria Madalena nos ajuda a encontrar Jesus

Maria Madalena participava das festas de seu povo nas sinagogas da região, mas, como judia, ao menos uma vez por ano, subia a Jerusalém; desta vez, aparece subindo com Jesus e seus companheiros de caminhada.

Como Maria Madalena nos ajuda encontrar Jesus? Será que, como ela, nós temos atitudes de alegria intensa quando "conhecemos" Jesus, sendo que ele nos ensina a sermos agradecidos pelo que seu Papai faz por nós: cria, promete, liberta, resgata, consola, guia, perdoa, chama e conduz?

Em nossa procura, por vezes, como Maria Madalena, ficaremos às escuras; não reconheceremos sua presença; ficaremos como ela junto do túmulo, desejando ver o corpo de Jesus (*João* 20,1.11-18). Podemos dizer que nela há um desejo de *estar perto das mortalhas de Jesus*: Aquele que ela amou está morto, agora seu corpo está tumulado; ela quer estar simplesmente perto d'Ele; torturada por aquela "*ardente intimidade da ausência*" (Rainer Maria RILKE).[44]

Vê a pedra retirada ... mas não compreende! Todo aquele que crê toca Jesus. E Jesus, nosso primeiro consolador (o segundo é o Espírito Santo), aproxima-se – Por que choras? A quem procuras? Procuras o carinho de Deus? – Jesus chama olhando em seus olhos – "*Mirjam!*"

Jesus chama pelo nome; Jesus ama nosso nome, nosso coração, todo o nosso ser. Por isso a Igreja pergunta no dia do Batismo: que nome temos? Ao respondermos, esse nome fica gravado no coração de Deus. Maria Madalena, como todo bom discípulo, reconhece Jesus: Mestre! (*Rabbuni*), porque experimentou o carinho de discípula.

A resposta de Maria Madalena é um ato de fé. Ter fé é a vontade de pôr em prática o Evangelho em todos os compartimentos da vida (Joseph MOINGT); expressão concreta de um sentimento confiado, de uma vivência que nos toca profunda e decididamente. A fé não é uma bandeira para ser agitada nos momentos gloriosos. Ao contrário, é levar uma vela acesa no meio da chuva e da ventania em noite de inverno (Natalia GINZBURG. *Nunca me preguntes*/1970). Sentimento que pode desabrochar em *5 atitudes*: leva-me a agradecer, louvar, exultar, cantar e anunciar ... Qual é o maior e mais intenso momento de agradecimento em nossa vida? Pois é bom saber que o coração de Jesus dói quando não sabemos agradecer (e isso é o que aprendemos na celebração eucarística: *agradecer*) (*Lucas* 17,12-19).[45]

Jesus não era mais simplesmente o Mestre querido que anunciava o Reino de Deus. Ele era o Filho de Deus vivo ali, de pé, diante de Maria! Ela queria segurá-lo, contudo não podia mais, porque ele deveria ser exaltado e glorificado junto do Pai. Maria Madalena precisava fazer um novo e mais profundo ato de fé. Ela tinha de crescer na fé para *ver*, em Jesus, a divindade em sua humanidade ressuscitada. A fé a fez *contemplar* o Filho do Homem em toda a sua glória.[46]

No primeiro medievo (séculos VIII-IX), Rabano Mauro, monge e bispo, escreveu uma "biografia" de Maria Madalena: "*Vida de Santa Maria Madalena*", na qual comenta a aparição de Jesus ressuscitado a ela destacando que esse evento confere a "*essa mulher discípula*" uma decisiva função na Igreja:

> Maria crê no Cristo, obtendo a fé n'Ele a partir da escuta da desejada voz do Senhor e a partir da sua própria presença tão desejável (...) Ela acreditou firmemente que o Cristo, filho de Deus, que ela via ressuscitado, era verdadeiro Deus, Aquele a quem ela tinha amado quando vivo; que realmente tinha ressuscitado dentre os mortos Aquele que ela tinha visto morrer (...) O Salvador, persuadido de que o amor de Maria era puríssimo, (...) elegeu-a apóstola da sua ascensão (...) como, pouco antes, tinha-a instituído evangelista da ressurreição (...) Ela, elevada a tão grande e tão alta dignidade de honra e de graça, pelo próprio filho de Deus e Salvador nosso, (...) não hesitou em exercer o ministério de apóstola com o qual tinha sido honrada (...) Maria, com os seus coapóstolos, anunciou o Evangelho da ressurreição de Cristo com as palavras: "Vi o Senhor" (*João* 20,18) e profetizou a sua ascensão com as palavras: "Subo para junto do meu Pai e do Pai de vocês" (*João* 20,17).[47]

Jesus, então, assim como chamou Maria Madalena, chama todos nós para uma missão: anunciar à Igreja a gloriosa ressurreição do "*Rabûni!*", o Senhor e Mestre. Jesus deixa de lado os defeitos de Maria Madalena porque a ama com grande ternura. Nós já experimentamos esse amor que Jesus derrama em nossa vida? Será que o amor de Maria Madalena pode contagiar nosso coração?

PARTE II

A "ISAPÓSTOLOS"

APÓSTOLA DOS APÓSTOLOS

"O amor não evita as dificuldades, pelo contrário, impulsiona para empreendermos projetos maiores."
(Santo Tomás de Aquino)

"... vai dizer aos meus irmãos que eu subo para junto do meu Pai e vosso Pai, meu Deus e vosso Deus. Então, Maria Madalena foi anunciar aos discípulos..."
(*João* 20,17-18a)

Reconhecemos que o Papa (a Igreja) fez justiça ao declarar a apostolicidade de Maria Madalena – mesmo tendo demorado. Sua *memória obrigatória*, celebrada no *Missal Romano* em dia 22 de julho, pela inciativa do papa Francisco, tornou-se memória mais solene, quando elevada à categoria de "*festa*", como são celebradas as memórias dos apóstolos, para sublinhar a importância da primeira testemunha da ressurreição e o papel da mulher na vida e na missão de Jesus e da Igreja.[48]

Desde então, no 22 de julho, celebramos a "*apóstola das apóstolas*", como veio empossada oficialmente pelo documento do 3 de junho, solenidade do Sagrado Coração de Jesus,[49] com o intuito de inscrever essa decisão "no atual contexto eclesial, que pede uma reflexão maior e mais profunda sobre a dignidade da mulher, a nova evangelização e a grandeza do mistério da misericórdia divina".[50]

Acho significativa tal decisão papal neste momento particular em que a memória dessa discípula da primeira hora seja invocada como modelo e figura de autoridade por muitas mulheres cristãs que demandam maior protagonismo e autoridade às mulheres, para superar sua submissão eclesial. Certamente o fato de celebrarmos agora a "festa" de Maria Madalena supõe que sua memória, recolhida e transmitida nos Evangelhos, será celebrada universalmente, com leituras e orações próprias que farão referência a sua importância como discípula, testemunha e apóstola de Jesus, antes e depois de sua ressurreição, de cujo anúncio ela foi pessoa-chave.[51]

1. AQUELA QUE "VIU O ADÔN (o Κύριος)!"

Maria Madalena foi, sem dúvida, amiga entranhável de Jesus. Ela dedicou-se toda a Ele, liderando o grupo de mulheres que o acompanharam até o último instante de sua vida.

Depois de ser plenamente restabelecida (como já foi explicada sua situação de doença/fragilidade), achou sentido pleno em sua vida seguindo de perto o Mestre de Nazaré.

Teve o privilégio, segundo fontes bem ponderadas, de acolher Jesus ressuscitado. E, por causa disso, recebeu a missão, nada fácil, de ir comunicar a todos a inacreditável notícia de sua ressurreição. Ela ouviu a voz carinhosa de Jesus chamando-a como costumava chamá-la andando pelos caminhos da Galileia: "*Mirjam!*". "Fora de si" de alegria, chorando convulsa, com lágrimas que inundam o rosto, responde-lhe: "*Rabbuní!*", "*Meu Adôn!*" (Meu Mestre!).[52]

Ao se manifestar à discípula de Magdala chamando--a pelo nome, o Senhor e Mestre, seu amigo ressuscitado, liberta-a mais uma vez, ressuscita-a, dando-lhe uma vida nova: uma espécie de nova vocação. Quebrando os grilhões que a prendiam ao passado e às angustias da paixão, crucificação e morte de Jesus, Maria pôde olhar para o futuro. Seu Mestre não era mais vítima dos que o prenderam, torturaram e crucificaram; era o Vivente que foi a seu encontro para lhe dar a plenitude da vida. Maria passou da mais profunda tristeza a uma alegria sem limites que acendeu nela "*os olhos do coração*". Nela se realizaram as promessas de Jesus: "*vós chorareis e vos lamentareis ... mas vossa tristeza se transformará em alegria*" (*João* 16,20), pois "*ninguém poderá tirar vossa alegria*" (*João* 16,22).

Assim exprimia a experiência mística de Maria Madalena a insuperável prosa de Frei Luis de Granda:[53]

> Não fogem tão depressa as trevas da presença do sol quanto desapareceram todas as tristezas com força desta palavra. As tristezas foram embora, mas as lágrimas ficaram, ainda que trocadas as causas, porque umas eram de dor e as outras de alegria, ainda que umas e outras procedessem de seu amor... Busca-o no monumento de teu coração, remove a pedra de sua dureza, olha se Jesus está nele. E, se não o encontrares, busca, persevera, e chora, e inclina a cabeça, abaixando-te e humilhando-te até o pó da terra, e olha de novo, e tem por certo que, se com esta fé o buscares nesse monumento, e perseverares buscando-o, e te inclinares humilhando-te, e rejeitares de ti, a exemplo de Maria, toda outra consolação que não seja Jesus, finalmente o encontrarás; e nele encontrarás, mesmo neste vale de lágrimas, riquezas e consolações que não e podem explicar.[54]

A palavra apóstola vem do verbo grego "*apostello*" (αποστέλλο), que significa "enviar", "despedir". Um "envio" que Maria Madalena recebeu de Jesus ressuscitado e fez dela a "apóstola dos apóstolos". Título que depois Paulo reivindicou para si mesmo. Segundo ele, as credenciais para ser apóstolo eram: ter visto o Senhor ressuscitado e ser enviado por ele (*1 Coríntios* 9,1-2; 15,8-11; *Gálatas* 1,11-16). Pois ambos tiveram o privilégio de encontrar o Senhor Ressuscitado e serem enviados em missão especial.

O seguimento de Jesus é o centro dos Evangelhos. Essa atitude aparece 79 vezes nos Evangelhos e 11 no restante do Novo Testamento. O próprio do discipulado é seguir Jesus, que nos precede (cf. *Mateus* 19,1-2; 20,17-18; 21,1; 26,32; 28,7). Essa teologia se coloca espacial e temporalmente, mostrando como Jesus se coloca à frente e como todos o seguem: No início, seguem-no na hora (*Marcos* 1,18), depois ficam assustados (*Marcos* 10,32), finalmente fogem (*Marcos* 14,50). Todo o Evangelho de Lucas se estrutura a partir da ideia de um caminhar físico de "subir a Jerusalém" (*Lucas* 5,11.28; 7,9; 9,11.23.49.60...). O Evangelho de João identifica o *acreditar com o seguimento* (*João* 1,35-51). Há uma comunhão de vida, missão e destino entre Jesus e os seus. Exige-se decisão e compromisso, abandonando o conforto e até a mesma vida.

Queremos enfatizar o discipulado de Maria Madalena durante o ministério público de Jesus (*Marcos* 15,40-41). O Evangelho de João deixa isso bem claro, ao narrar que ela reconhece Jesus quando este a chama por seu nome: "*Mirjam*" (*João* 20,16). Em João (capítulo 10), ao fazer menção dele como o pastor que conduz as ovelhas para fora do redil, Jesus comenta que as ovelhas o seguem porque "reconhecem sua voz" (*João* 10,3-4). E Ele afirma com clareza: "*conheço minhas ovelhas, e elas me conhecem*". Maria Madalena reconhece a voz do Mestre, que a chama pelo nome. Em *João* 20,16 há uma referência ao discipulado de Maria Madalena, que, por seu amor sem medida, tornar-se-á a principal testemunha da ressurreição e assumirá papel decisivo para as comunidades joaninas.[55]

Pois, em João, Maria Madalena é a *primeira mulher* a ter feito esse caminho de fé, a primeira a ter entendido que acreditar em Jesus depois de sua ressurreição comporta não apenas "conservar a memória de um morto", por mais ilustre e mais venerado que ele seja, mas também "reconhecê-lo Vivo". Por isso ela se tornou o modelo da fé discipular. Não apenas, ela é também aquela que foi enviada por Jesus ressuscitado a criar/formar uma comunidade discipular com as condições necessárias para acolher o Espírito Santo. Sua experiência pascal, pela qual "*viu o Senhor*" (*João* 20,18), concretiza-se em um mandato preciso em confronto daqueles que em definitivo, depois da recíproca confiança entre Maria de Nazaré e o discípulo amado, serão os "irmãos de Jesus".

Jesus envia Maria Madalena para anunciar a "*seus irmãos*" a inédita notícia de sua ressurreição. Ela entra também nessa categoria de "irmãos", porque foi a testemunha do Crucificado. As palavras de envio "vai!" de Jesus a ela indicam que pertence a esse grupo de irmãos e que, sendo testemunha oficialmente privilegiada da ressurreição, além de confirmar Jesus como o Mestre e Senhor, configura-o como "*irmão entre os irmãos*", e a ela, como "irmã".[56]

Seu papel apostólico em relação à comunidade discipular é, portanto, explicitado com clareza: ajudar os irmãos de fé a construir o mesmo caminho que ela realizou e que a levou a "não segurar"[57] Jesus dentro dos limites espaciais do humano, senão, a reconhecer que Jesus ressuscitado pode agora tornar livremente seu Pai. Maria Madalena representa o elo de continuidade entre a primeira e a segunda efusão do Espírito, entre a cruz e a ressurreição porque renunciou a acreditar em um morto para "reconhecê-lo Ressuscitado". Enfim, sua fé se traduz em um itinerário ascensional que lhe permite aceitar que, só se Jesus retornar para o Pai, o Pai será de verdade "nosso Pai". Esse itinerário ascensional abre a vida no Espírito para a comunidade dos cristãos cobrindo o espaço existencial entre a experiência discipular de Jesus terreno e a fé pós-pascal da Igreja. Antes da ressurreição era impossível entendê-lo: "*Tenho ainda muitas coisas a vos dizer, mas não sois capazes de suportá-las agora. Quando ele vier, o Espírito da Verdade então ele vos guiará a toda a verdade*" (*João* 16,12-13a). De fato, dessa verdade *toda inteira* Maria Madalena – a primeira mulher – fez a experiência.[58]

Jesus apresenta um caminho a seguir (*João* 12,26), e os discípulos crescem nesta condição na medida em que o seguem. O seguimento transfigura suas vidas; o relacionamento com Jesus os transforma quando decidem mudar de vida e colocam os valores evangélicos em primeiro lugar. Não se trata de crer apenas no que Ele diz, senão de *deixar-se guiar por Ele* para mudar a sociedade em favor dos mais desfavorecidos.

O discipulado de Jesus é uma história inacabada que remete à vocação, inspiração e atualização de cada momento da história. Desde a empatia com as vítimas da sociedade, os empobrecidos mais que pobres, há que se abrir à plenitude do humano seguindo as pegadas de Jesus. Trata-se, sem dúvida, de uma vocação, de um chamado, que *descentra e complica* a quem a recebe, para capacitá-lo, pela ação do Espírito Santo, em agente transformador de uma sociedade e religião pecadoras.[59]

2. "Outras mulheres" conheceram e seguiram Jesus *(Lucas 8,3)*

> Três ou quatro galileias afeiçoadas acompanhavam sempre o jovem mestre e disputavam o prazer de escutá-lo e de usar alternadamente seus cuidados. Elas levavam àquele pequeno grupo o entusiasmo e o sentido do maravilhoso, do qual ninguém pode negar a sua importância (Ernest RENAN. *La vita de Gesù*, 1908).[60]

Lendo o texto, vemos que Maria Madalena, Joana, Susana e outras mulheres seguiram Jesus. É bonito perceber o olhar de Jesus sobre as mulheres, lembrando o texto de ***Êxodo 3,7-12***, em que Deus **vê** seu povo, **ouve** seu grito, **conhece** suas angústias. Jesus olha aquelas mulheres em suas situações concretas... Situação totalmente contrária ao projeto de Deus. Ele deseja dar-lhes algo que só Deus pode oferecer: vida digna, vida em plenitude.

É assim que, homens e mulheres, entravam na vida de Jesus, respondendo-lhe com o seguimento. O encontro com Jesus não os deixava indiferentes; despertava-os para o seguimento discipular. No fundo de seus corações diziam: seguir este homem vale a pena!

O que em Jesus lhes chamava atenção de forma que elas, ao encontrá-lo, mudavam radicalmente de vida e passavam a segui-lo por toda a parte, com ardor e paixão? Qual o segredo da sedução que exercia, a ponto de chamar atenção de todos a sua volta e de sua relação com elas destacar-se com indiscutível clareza, ao longo de todos os quatro Evangelhos? Em um contexto patriarcal como era o dele, como aquelas mulheres – tantas – se atreveram a sair do anonimato, do confinamento, da esfera do privado, para ganhar a esfera pública, as estradas, ruas e os caminhos, a fim de seguir o filho do artesão fazedor de milagres e sedutor das multidões?[61]

Isto é cativante, Jesus, o revelador da bondade e da misericórdia do Pai, permitia *ser tocado* pelas mulheres, não se incomodava com a presença delas. Aliás, não apenas permitia que fosse tocado, mas também as convidava a serem suas discípulas, algo inconcebível; os judeus daquele tempo jamais lhes concederiam tal liberdade!

Despertava nas mulheres uma atitude fundamental: *a atitude do serviço*. O texto diz "o ajudavam", o que não se deve entender de modo apenas monetário. Essa ajuda se manifestava por meio do serviço: a diaconia, característica que destaca o cristianismo. Anúncio e serviço constituem duas características do mesmo caminho de salvação, desde o ministério de Jesus na Galileia até sua continuidade no tempo da Igreja, sob a guia do Espírito Santo.

As mulheres ajudavam Jesus com seus dons, isto é, colocavam-se a serviço da evangelização. Algumas com a ajuda material, por exemplo, a mulher de Cusa; outras não possuíam bens nem dinheiro. Servia Jesus e a comunidade cristã cada uma com sua maneira de ser, com sua existência, com seus carismas e com todas as possibilidades humanas.

Aquelas mulheres caminhavam confiantes em Jesus até Ele completar sua missão. Foram discípulas fiéis em seu seguimento, fazendo-se presente, também, no momento crucial de sua vida: sua paixão e morte até a gloriosa ressurreição. Elas sempre acompanharam corajosamente Jesus até as últimas consequências... (*Lucas* 23,27). Por seu amor e sua fidelidade, foram constituídas em anunciadoras da ressurreição do Senhor. As mulheres que se encontraram com Jesus e o acompanharam desde a Galileia foram as que tiveram a responsabilidade de anunciar a ressurreição aos apóstolos. Testemunharam Jesus com suas palavras e ações e, agora, com a vitória sobre a morte.

Mulheres galileias não só foram decisivas para estender o movimento de Jesus aos gentios, mas também para a continuação desse movimento depois da prisão e execução do Mestre de Nazaré. Mulheres galileias discípulas de Jesus não fugiram depois de sua prisão, ficaram em Jerusalém para acompanharem sua execução e seu sepultamento. Elas foram também as primeiras a articular sua experiência da bondade e o poder de Deus, que não deixou seu amado Filho Jesus na sepultura, mas o ressuscitou dentre os mortos.[62]

Enfim, muitas mulheres foram protagonistas do anúncio da Boa-Nova nas comunidades que foram nascendo a partir das sinagogas dos judeus, mas também a partir da casa, como vemos na narração de Lídia (*Atos* 16,1-15). Essas comunidades ficavam nos arredores das grandes cidades, com pessoas de variada procedência, entre as mulheres pobres e, às vezes, com posses, mas de qualquer forma discriminadas, tanto no espaço vital do lar quanto no espaço público. Eram mulheres que, de diferentes formas e lugares, em circunstâncias diversas, tiveram a coragem e a ousadia de anunciar e testemunhar, até com o martírio, Jesus de Nazaré, crucificado, morto, sepultado e, no terceiro dia, ressuscitado. Elas captaram a mensagem central da Boa-Nova e professaram que "*Jesus Cristo é o Senhor*"; "*o Alfa e o Ômega, o Primeiro e o Último, o Princípio e o Fim*" (cf. *Filipenses* 2,11; *Apocalipse* 22,13).[63]

3. O DISCIPULADO DE MARIA MADALENA: MODELO A SER SEGUIDO

O itinerário que Maria Madalena realizou no seguimento de Jesus oferece um modelo para todos nós. Ela não se conformou com a situação de submissão considerada "normal" para as mulheres de seu tempo; muito pelo contrário, sobrepondo-se com santa teimosia procurou Jesus e foi acolhida por Ele.

Ao encontrar Jesus e se libertar de "7 demônios", ela pôde progredir na fé, caminhar com Ele até permanecer corajosamente ao pé da cruz como discípula fiel. É ela que teve forças ainda para "ir ao sepulcro", quando ainda era escuro (6h ou 7h da manhã), e chorar, sem achar explicação do acontecido, e persistir em sua busca até se tornar portadora da Boa-Nova da ressurreição e, assim reencontrar vigoroso sentido para viver. Pois *o seguimento de Jesus deve ser a fonte de inspiração para os que desejam seguir seus passos*. Seu seguimento constitui o eixo fundamental da experiência cristã. Sua vida deve servir de orientação e referência para os que como Maria Madalena buscam nele um sentido à vida.[64]

Maria Madalena abriu-se ao conhecimento amoroso dos ensinamentos e das atitudes que Jesus lhe oferecia. Ela se colocou na situação de "*não saber*" (*João* 20,2.13.14), para depois descobrir que o Mestre Jesus estava ouvindo-a, em sua frente. Ela foi procurar dentro do sepulcro, no entanto foi fora, no jardim do novo Adão, que o encontrou. Ela teve de se "voltar", não continuar olhando para o túmulo vazio, pois Ele "não estava aí", "não mais pertencia à terra dos mortos": Ele agora é o *Vivente Ressuscitado*! (*Apocalipse* 1,17b-18a; 22,13).

Se Maria, mãe de Jesus, encarna a pureza da origem, Maria Madalena encarna o esforço da transformação que investe sobre a natureza humana quando é alcançada pelo toque do amor divino. Tendo recebido misericórdia, ela se tornou modelo de misericórdia, tomando sobre si o peso dos que não têm voz. Tendo sido libertada de um imenso sofrimento, ela o reconhece onde quer que seja, sofre-o, aceita assumi-lo. Isso a une ao amado de um amor sublime, para colocá-la em profunda comunhão com Ele. Sua resposta sem reservas aumenta a intensidade de seu amor, abrindo-se universalmente à sabedoria e à compaixão do coração.

Sentindo-se curada, torna-se testemunha de um amor infinito, ao mesmo tempo, imagem da luta interior que o Espírito realiza profundamente para abalar e libertar. É justamente no texto joanino que se torna explícita a passagem: "Jesus lhe disse: '*Não me segures. Mas vá dizer a meus irmãos: Subo para junto de meu Pai, que é Pai de vocês, de meu Deus, que é o Deus de vocês*'" (*João* 20,16). Na conversa com Jesus ressuscitado, aflora a sublimidade de um amor que supera a dimensão natural.[65]

O caminho percorrido por Maria Madalena assinala que, para reconhecer Jesus como Senhor, é preciso, antes de mais nada, *vê-lo, aproximar-se dele, ouvi-lo e deixá-lo falar*, para depois sair em missão. Isso implica, então, amadurecer o encontro com Ele, desejando ser seus discípulos, cristãos para valer, testemunhas de seu modo de ser e agir.

Maria Madalena, a partir desse encontro, recupera a alegria de viver porque, enquanto procura "Jesus morto", ela se encontra com "Jesus vivo" e recebe a grande e fantástica missão de anunciar aos irmãos *o que viu e ouviu do próprio Senhor*. Ela, na verdade, "viu" o cumprimento das promessas de Deus e teve a certeza da presença viva e atuante de Jesus no meio da comunidade. É a alegria da ressurreição!

4. As mulheres "um caso sério": a autoridade apostólica de Maria Madalena

> No século XVIII foram os intelectuais a abandonar a Igreja (tempo da Ilustração); no século XIX, os operários a deixaram (revolução industrial e o marxismo); no século XX, são os jovens a deixarem a Igreja (e o êxodo continua) e, se continuar assim, no século XXI, serão as mulheres a deixá-la, mesmo que elas tenham grande coragem e resiliência (Joseph MOINGT).[66]

> O ser humano há de escolher entre a liberdade com sofrimento ou a felicidade sem liberdade; isto é, sem o sofrimento da responsabilidade (N. BERDIAEFF. *El Credo de Dostoiévski*, 1951).

A alegria pascal constitui um impulso para a missão apostólica, uma fonte de força, de energia e de coragem para participar dos trabalhos do Reino. Participar da alegria de Cristo significa participar altruisticamente da alegria de Cristo para consigo (ou seja, de seu retorno ao Pai e sua elevação à glória), entretanto devemos nos lembrar de que a alegria de Cristo não é somente uma alegria para si mesmo, mas também para nós: alegria por tudo o que ele realizou e quer ainda realizar em nossa vida.[67]

Portanto a vida discipular de Maria Madalena não pode ficar reduzida apenas – mesmo que seja proveitosa – à lembrança de seu testemunho. Eu espero que a festa litúrgica de seu memorial pneumatológico ajude na Igreja a inspirar e fortalecer a vida e a vocação de serviço de muitas (e muitos) cristãs de hoje.

Acolhida pelo Mestre, ela não se conformou com a situação de submissão e o desprezo como condição normal para as mulheres de seu tempo. O encontro com Jesus lhe possibilitou ser nova criatura e mudar de vida. Ela experimentou ser libertada da escravidão de tantas mazelas, para progredir na fé, caminhar com Jesus e até permanecer firme aos pés da cruz como discípula fiel. Procurava entender o significado de tudo aquilo que aconteceu com seu querido Mestre. Aí no Calvário, o silêncio falou mais do que todas as palavras. Na cruz, Maria Madalena recebe o maior ensinamento de Jesus: dar a vida por amor! Mas o evangelista não se contenta com a narração exclusiva do Calvário e nos surpreende mais ainda, ao relatar a aparição de Jesus a Maria Madalena. A mesma Maria Madalena silenciosa, que estava ao pé da cruz, a seguir, ganha voz em seu evangelho e torna-se portadora da boa notícia da ressurreição: *"... vai dizer a meus irmãos que eu subo para junto de meu Pai e vosso Pai, meu Deus e vosso Deus"* (*João* 20,17b).[68]

Maria Madalena recupera a alegria de viver porque, quando procurava Jesus morto, encontrou-se com Jesus vivo e recebeu a grande missão de anunciar aos irmãos o que ela viu, seu reencontro com Jesus. É a certeza da presença viva e atuante de Jesus no meio da comunidade. É a alegria da ressurreição! Essa alegria, de fato, não nasce apenas de *"aprender coisas de Jesus"*, mas de saber encontrar-se com Ele, tornando-o companheiro de nossa caminhada de vida.[69] Todo esse caminho de graça e de gratuidade chega ao ponto máximo quando penetramos nos *mistérios da Ressurreição*, para se alegrar por Ele e com ele. A graça que devemos experimentar não deve ter como conteúdo a alegria que provém do alívio de sair de uma situação de angústia e morte e entrar em outra de gozo e glória. Será, delicada e refinadamente, desejar a *alegria pela alegria do(s) outro(s)*. É puro desprendimento, pura saída de si, pura e preciosa *gratuidade*.[70]

Maria Madalena, espantada de medo, sai a anunciar a Pedro que "tinham levado o Senhor!"; agora, espantada de júbilo, sai correndo, transbordante de alegria, para anunciar aos discípulos que Jesus ressuscitou, que ela o viu e as palavras que ele lhe disse. O primeiro anúncio foi o triste: "*levaram o Senhor*"; o conteúdo do segundo, com o qual termina o relato, é "*Vi o Senhor*!" (v. 18). Quem viu o Senhor faz a experiência de anunciá-lo. Assim foi com Maria Madalena que anunciou aos discípulos: "Vi o Senhor! Ao verdadeiro encontro pessoal com Jesus Cristo, o Senhor ressuscitado, segue sempre a partilha da experiência feita.

Para descrever o processo de encantamento no seguimento discipular de Maria Madalena, João utiliza três verbos: O relato começa com o "*ver*" ou "digno de se ver" com os sentidos (*blepo* = *βλέπω*), passa pelo "*ver/contemplar*" também sensorial (*theoreo* = θεωρέω) e termina com o testemunho de fé: "*Vi o Senhor!*" O verbo usado nesse versículo (*horao* = όράω) está no pretérito perfeito (*heóraka*), forma verbal que enfatiza o efeito permanente do que Maria viu atenciosamente. As palavras ditas por Maria aos outros discípulos (cf. *João* 20,25; *1 Coríntios* 9,1) resumem o doloroso e exultante itinerário percorrido pela discípula de Magdala. Jesus, o Mestre de Nazaré, que foi crucificado, morto e sepultado, ressuscitou. Maria viu o Senhor, com seus olhos, e, com suas mãos, tocou e abraçou seus pés.

Dizer *creio em Jesus Cristo, que ressuscitou dos mortos,* é dizer que acredito que a ressurreição é algo que acontece continuamente. Cada vez que Jesus ressuscita em nosso coração de novas maneiras, a ressurreição acontece de novo. Cada vez que vemos Jesus onde não o reconhecíamos antes, nos rostos dos pobres, no amor dos não amados, nos momentos reveladores da vida, Jesus ressuscita de novo. Mas isso não é tudo. A prova real da ressurreição não está na transfiguração de Jesus apenas, mas na transformação que está à espera daqueles que a aceitam, que diz que estamos prontos para sermos transformados. Quando a vida de Cristo ressuscita em nós, também ressuscitamos para uma vida nova. A transformação é sempre uma questão decisiva em nossa vida.

Pois, como aconteceu com Maria Madalena, a ressurreição de Jesus diz respeito a levar a sério a presença transformada e transformadora de Cristo, agora e sempre. Quando isso acontece, a vida nunca mais é a mesma, como não foi a de Maria Madalena.

A verdadeira lição da ressurreição talvez seja seu ensinamento mais transigente e forte. Quando Jesus morreu, a esperança morreu. Maria Madalena, as mulheres e os apóstolos lamentaram sua morte. O público ficou escandalizado. A sinagoga se viu livre de um amotinador. As autoridades romanas se livraram de um inquietante político. Mas, no fim do fracasso aparente, surgiu uma vida nova mais forte do que a de antes. Assim também aconteceu com Maria Madalena e conosco. Quando terminada uma fase da vida, surge uma nova, se não passarmos tempo demais nos lamentando a anterior, se permitirmos que nova graça flua por intermédio de nós, se aceitarmos o fato de que seja "o terceiro dia" a iluminar os momentos e os acontecimentos decisivos, cada momento "ordinário" do tempo se tornará crístico, salvífico, novo. A ressurreição transforma e destrói o profundo amargor do fracasso.[71]

É impactante observar como as mulheres bíblicas são personagens fascinantes, assim como o são suas histórias, cheias de surpresas, intrigas e, sobretudo, de silêncios. Recuperar suas vozes é ingente tarefa à qual muitos biblistas estão se dedicando, embora fique muito a fazer ainda. E o que têm a dizer essas mulheres hoje? São fonte de inspiração. Penso em Débora, Ester, Judite, Ruth. Admiro sua fé inquebrantável, sua força mental, sua sabedoria e seu engenho para resolver conflitos, sua luta pela vida e a justiça, o veemente rejeito às estruturas de poder e sua missão em favor do povo, especialmente dos mais fragilizados e marginalizados.[72]

Não menos acontece com as mulheres que Jesus encontrou ao longo de sua vida. Assim, ele manifesta sua glória pela primeira vez em Caná diante das súplicas de sua mãe Maria. Em várias ocasiões, coloca a mulher como modelo de fé e realiza curações onde Ele imputa sua fé. Da unção de uma mulher, às vésperas de sua paixão, faz memória da paixão que Ele ordena transmitir às gerações futuras; acredita às duas irmãs, suas amigas, Marta e Maria, como autênticas discípulas, recebendo delas a ocasião de revelar o mais maravilhoso testemunho de sua divindade: "Eu sou a ressurreição e a vida" (*João* 11,25) e apresentando à outra (Maria de Betânia) como perfeita receptora de sua Palavra: "Maria escolheu a melhor parte, e esta não lhe será tirada" (*Lucas* 10,42).

Enfim, assim aconteceu também com Maria Madalena, a quem se lhe aparece em primeiro lugar e a quem lhe confiou a mensagem de sua ressurreição para que a comunicasse a seus apóstolos (*João* 2,1; 11,27; 20,11-18; *Mateus* 9,22; 15,28; *Marcos* 14,3-9; *Lucas* 10,38-43). Assim aconteceu com Maria Madalena e algumas outras mulheres galileias que seguiram Jesus desde o início. Elas foram incumbidas de não se desesperarem, senão de reunirem novamente o grupinho de Jesus, que se dissolveu por causa de sua crucificação e morte, e restabelecerem a união solidária do grupo para contemplar a epifania do Ressuscitado na Galileia. As mulheres, que presenciaram o drama da cruz e o viram ressuscitado, estavam dispostas a levar adiante a mensagem de Jesus. Então, torna-se óbvio o fato de que elas estavam presentes e novamente tomaram a inciativa. Entre as pessoas que estavam no discipulado de Jesus, elas foram as primeiras que creram nas promessas da ressurreição.[73]

Jesus, mesmo estando em uma sociedade fortemente machista e patriarcal, não teve medo de manifestar seu lado feminino: intuição, sensibilidade, compaixão, alegria, raiva e choro; sabia sofrer, esperar, suportar como poucos homens ainda são capazes. Seria bonito introduzir na Igreja um pouco de feminilidade, a condição de devolver a ela a parte dessa humanidade demasiada reduzida e mascarada por um poder exclusivamente hierarcológico "masculino e sagrado".

Maria Madalena e outras corajosas mulheres nos estimulam, então, a tentarmos restaurar o perfume das primeiras comunidades cristãs, em que havia especialmente para a mulher a liberdade, alteridade, igualdade, corresponsabilidade de gestão, com uma vivência eucarística mais fraterna, tratando de estar atentos a "excluir tudo o que for excludente" (cf. *Gálatas* 3,28).

5. A que serve o testemunho de Maria Madalena para as mulheres da Igreja hoje?[74]

> (As mulheres) estão nos Evangelhos, Jesus não temia encontrar-se com elas. Inclusive, desempenharam papéis de importância na Igreja primitiva. Mas a história fez com que a responsabilidade na Igreja fosse – durante séculos – associada à ordenação reservada a homens. Na Igreja clerical que herdamos, as mulheres se sentem "esquecidas" porque não são escutadas nem levadas realmente a sério por muitos clérigos. Isso deve mudar, e o papa Francisco pede claramente uma presença mais incisiva das mulheres, para que elas possam oferecer a sua contribuição, compartilhando os carismas que têm recebido para o serviço de todos. Por isso o Papa, nomeando mulheres em postos-chave da Cúria, pretende mostrar esse caminho (Nathalie BECQUART).[75]

Sem dúvida, não pode fugir a nossos olhares que, entre os desafios "cruciais" que a Igreja deve afrontar hoje, devemos colocar a importância e a presença atuante da mulher na Igreja. As mulheres são as mais numerosas entre os fiéis e as mais ativas em todos os terrenos onde se edifica a Cidade de Deus em meio aos homens. Entre elas há, cada vez menos, religiosas (as que ainda perseveram) e as mulheres leigas que são as principais auxiliares do clero. Ocupam postos de reponsabilidade na maior parte das atividades da Igreja – catequese e catecumenato, movimentos e pastorais, ensino religioso, na reflexão teológica[76], obras de missão, serviços de caridade e de animação litúrgica: Batismo, matrimônio, catequese (em que são a absoluta maioria), exéquias. Em muitos lugares, por falta de presbíteros, elas são o único suporte de comunidades paroquiais (muitas comunidades de Amazônia que o digam).[77] Será? Apressuro-me a dizer: elas hoje "não são responsabilizadas em nada com autoridade própria...", salvo naquilo que cai aos cuidados delas porque "não há a quem delegar"; continuam firmes por sua teimosia.

Assim, por exemplo, a incorporação delas no Concílio aconteceu pela corajosa iniciativa de um grupinho de mulheres convidadas, que não podiam participar dos debates conciliares. Então, munidas de ousadia, levaram uma proposta ao Cardeal Suenens[78], que a acolheu abertamente. Assim, em alocução de outubro de 1963, denunciou a "inconsequência" que supunha declarar a *igualdade fundamental entre o homem e a mulher*, que, dotada da interioridade racional e criada à imagem e semelhança de Deus – como os homens –, *não é tratada no mesmo plano de igualdade*; mesmo que a metade do povo de Deus seja constituída de mulheres, elas ainda "estão ausentes aqui...".[79]

O Concílio Vaticano II desejava atribuir às mulheres responsabilidades em todos os níveis, inclusive a permissão de participar das homilias dominicais (como acontecia nos primeiros séculos com os leigos).[80] Mas isso foi "se encolhendo", restringindo... Hoje, elas, com resiliência, permanecem em seu lugar, mas no *lugar da serventia*. Dóceis, inseridas nas mais variadas equipes "sob a responsabilidade do padre", não possuem funções de decisão, orientação e direção executiva.

Se desejarmos voltar às iniciativas do Concílio, não poderemos desconfiar das mulheres, mas sim deixar maior liberdade e capacidade de experimentação pastoral em campos de decisão, como, por exemplo, fomentar leigos devidamente delegados nas comunidades, nos conselhos em que se tomam decisões pastorais em todos os níveis "*com voto executivo*" junto do pároco, isto é, em igualdade de decisão aos clérigos. Entre os leigos, certamente, há necessária participação das mulheres, que entendem de muitas coisas melhor do que os homens e clérigos.

Certamente isso constituiria uma novidade na evangelização da Igreja, pois a evangelização é a razão de ser da Igreja. Seria oportuno acolher as mulheres atribuindo-lhes maiores responsabilidades, sem que tenham de levar o "corpete": a Igreja deve emancipar-se da estrutura patriarcal que possui e dar espaço a elas para que desenvolvam sua responsável riqueza geradora de vida.

Mesmo após anos da conclusão do Concílio, a questão feminina segue estando em certos aspectos "*subestimada*", "*accantonata*" (posta de lado).[81] Muitos e muitas se lamentam do anacronismo das posições laicais, sobretudo, da exclusão da mulher em tarefas decisivas da Igreja. A questão antropológica e a demanda de reformas eclesiásticas definem a encruzilhada em que hoje nos encontramos. Muitos insistem em destacar a perspectiva androcêntrica que marcou a cultura ocidental embrenhada em uma visão antropológica que pensava "o humano" (*antropos* – homo) a partir do "masculino universalizado" e o feminino como "ato segundo" (masculino *mal-sucedido*) de especificação desse "humano" (pretendido) neutro.

Certamente uma parte do clero, em nível de consciência irreflexiva, está marcada por essa visão patriarcal, e isso se manifesta na linguagem, no simbolismo litúrgico e na vida eclesial como um todo. Poucas mulheres podem participar das instâncias decisórias da Igreja e em todos os casos *carecem de voto deliberativo*. É preciso seguir trabalhando com insistência para que tenhamos a Igreja das mulheres e dos homens em um só corpo (cf. *1 Coríntios* 12,12-31).

Sugerimos algumas possíveis trilhas para a inserção ativa da feminilidade na Igreja:

– **Propor** que nos estudos das escolas teológicas tenham o cuidado de rever a antropologia teológica para remover a temática exagerada da masculinidade. Sem esse passo a reflexão sobre as mulheres seguirá sendo parcial, pois há temas antropológicos ainda não bem esclarecidos que devem ser afrontados com valentia para que a mulher seja imagem de Deus e não "feudo" do homem (María Elena GARMENDIA).[82]

– **Promover**, seguindo o exemplo e a iniciativa do papa Francisco, as mulheres para cargos cada vez mais decisivos e incisivos em favor de uma nova dinâmica evangelizadora. Para isso, deve-se trabalhar insistentemente, aportando novas reflexões à teologia dos ministérios e da pastoral que conduzam a otimizar as condições que conduzem à ordenação diaconal das mulheres, como aconteceu nos inícios da Igreja; por sinal, frutuosa atuação muito bem documentada. Assim mesmo, existe a permissão das mulheres a assumirem o "leitorado e acolitado" como ministério instituído.[83] E nestes últimos dias (11/5/2021), chega-nos a feliz notícia da instituição do "ministério dos(as) catequistas" assim. [84] Assim se faz justiça ao profético anseio do papa PAULO VI (E*vangelii Nuntiandi* 73).

Será que se nos adentrarmos nas profundezas do gênio feminino poderão surgir "o medo e o risco de debilitar o poder monárquico" sobre o qual foi construída a instituição eclesiástica? Talvez, mas isso não deve assustar, senão esperar que aconteça; pois, acaso, não foi o propósito daquela que foi tratada magnanimamente de "Mulher" (cf. *João* 2,4; *Gálatas* 4,4) que por sua boca o Espírito Santo profetizou: "*Ele manifestou poder com seu braço: dispersou os soberbos nos pensamentos de seu coração. Depôs os poderosos de seus tronos e exaltou os de condição humilde*". Assim sendo, não se trata de derrubar qualquer coisa, senão de "elevar" aquilo que foi injustamente abaixado (*Lucas* 1,51-52).

A palavra *Sabedoria é feminina*. A Sabedoria é mulher, mas as mulheres não têm parte em sua dinamicidade. Aqui o Espírito Santo, que é chamado de "Sabedoria Divina", "Sofia", é chamado também "Ela". As Escrituras chamam o Espírito de "a *ruah alentadora*", palavra feminina, que descreve *o aspecto feminino da divindade*, o cálido sopro de Deus e o impetuoso vento que pairava sobre as águas vazias, no início da vida, no processo da criação. São todas imagens femininas de um Deus parturiente, maternal, de uma espera grávida e de águas borbulhantes onde a vida vai surgindo.[85] Mas, quando a Sabedoria fala hoje, parece fazê-lo "desde uma perspectiva masculina", isto é, "com voz masculina", sem mulher alguma à vista; a Sabedoria claudica. Essa força feminina de vida é rapidamente submergida, esquecida, completamente ignorada justamente por ser feminina.

Podemos observar este propósito: – não se trata de saber "o que é o Espírito Santo?", como foi em séculos passados. Nossa pergunta hoje é "quem é o Espírito Santo?" Por que só uma parte da Igreja – a masculina – parece ter voz qualificada e com sabedoria para dar a última palavra sobre cada palavra? A pergunta exige uma explicação. Há 500 anos, o Espírito Santo falou por intermédio de Martinho Lutero e de todos os reformadores sobre o comércio de relíquias, a inadequação da teologia do mérito e o clericalismo. Foram realizados três diferentes concílios da Igreja, centenas de anos distantes um do outro, até que a Igreja reconhecesse a verdade e a seriedade dessas preocupações. O Espírito Santo tem um sério problema aqui...[86]

Pode acontecer que apaguemos o Espírito com a *soberba* de querer saber tudo melhor do que ninguém, com a *preguiça de coração*, com a *covardia* e a *ignorância* com que enfrentamos os novos impulsos e as novas iniciativas que surgem na Igreja. Quantas coisas seriam de outra maneira se não saíssemos ao encontro do novo com uma segurança em nós mesmos, conscientes de nossa superioridade, com um acobertamento que não defende precisamente a glória e a doutrina de Deus, mas que *se defende a si mesmo.*[87]

Muitas teólogas (entre elas Margit ECKHOLT), olhando com sentido crítico alguns aspectos do Concílio, ainda não devidamente desenvolvidos, observam que, por muito que se fale – e se continua a falar – da dignidade da mulher, há a escassa recepção das contribuições da teologia feminista nestes últimos decênios. Mesmo que seja reconhecida *nenhuma desigualdade* (*nulla inaequalitas*) à capacidade de inteligar a fé como mulheres, a "questão da mulher" continuará a ser decisiva nestes tempos de inculturação da Igreja católica no mundo moderno. Não se trata apenas da participação e do diálogo no interior da Igreja, mas também do futuro do cristianismo: *Sem mulheres não há (não haverá) Igreja*! A nova qualidade desse sinal consiste em que, nestes cinquenta anos, cresceu a consciência de que tratar das mulheres na Igreja não pode ser mais feito sem sua ativa participação, isto é, que sejam elas mesmas a se exprimirem para todo o Povo de Deus: "A questão da(s) mulher(es) não pode ser tratada com independência dela(s); não se pode determinar 'sobre ela(s)"'.

A profecia de João XXIII, referida à mulher como um sinal dos tempos, e a de Francisco em nossa época, a pedir uma presença mais incisiva das mulheres (cf. EG 103), requer o passo fundamental de outorgar valor e visibilidade a elas como sujeitos eclesiais; só quando o ser-sujeito das mulheres for reconhecido, esse sinal dos tempos será assumido realmente. Em relação ao futuro da Igreja, cabe constatar que a questão da mulher não é tema marginal senão oportunidade de graça para elaborar a hermenêutica do diálogo entre mulheres e homens. A diferença de serem mulheres – com seus próprios modos de ser, pensar, sentir e agir – precisa ser acolhida na Igreja com maior abertura, profundidade e confiança, porque, se nos próximos decênios os carismas das mulheres não forem levados a sério, a Igreja se privará de uma "ocasião de graça", talvez irreparável...

Estes últimos decênios têm confirmado as aspirações de vida plena das mulheres na continuada reforma da Igreja como um sinal dos tempos, que reclamam uma resposta de todos os batizados para aprofundar na igual dignidade e no reconhecimento dos diferentes carismas e ministérios a serviço da comunhão evangelizadora. É urgente que o serviço delas na Igreja seja mais valorizado. No âmbito da eclesiologia, requer-se também revisar os carismas e os ministérios. Uma eclesiologia inclusiva convida a aprofundar a vocação, missão e corresponsabilidade das mulheres na vida da Igreja, aprofundando a vocação à santidade, que brota das mútuas relações dos carismas e ministérios conferidos a homens e mulheres.

A dignidade das mulheres, defendida sem vacilações no ensinamento conciliar e posterior, exige uma real e efetiva acolhida de sua subjetividade batismal e constitui um desafio central de reforma para cada forma de vida cristã. Certamente, a eclesiologia feminina constitui uma resposta à questão das mulheres, como sinal dos tempos, porque nela o carisma batismal se manifesta como uma subjetividade teológica com capacidade de reforma inclusiva. Não deveria isso importar à Igreja?[88]

O princípio igualitário coloca em questão o secular princípio hierárquico, e isso leva como consequência que tanto as mulheres crentes como as não crentes sentiram-se investidas por um compromisso direto de responsabilidade, sobretudo sobre temas importantes da vida coletiva. Portanto o problema entre a identidade e a cidadania da mulher constituiu – nas palavras de Paola Gaiotti de BIASE – uma virada radical da história da humanidade..., uma inversão, uma virada que muda o sentido da história humana.[89]

As mulheres, como Maria Madalena (a primeira a proclamar a ressurreição de Jesus, chamada "apóstola dos

Apóstolos"), desejam que a Igreja seja mais feminina. Por que nossa querida Igreja deve ser feminina? Porque encarna o maternal, o cuidado; gera vida e a segue nutrindo para que floresça sempre mais. Feminina porque muitas mulheres estão trabalhando ativamente nela, dando conteúdo e forma a sua Igreja. Feminina porque Jesus nasceu de uma mulher judia, Maria de Nazaré. Porque ela é mãe onde muitas mães transmitem a fé a seus filhos e suas filhas. Mais ainda, porque seria muito pobre sem o feminino, sem as mulheres em imensa multidão. O feminino que há nela agradecemos a Deus e a todas as mulheres que a consolidam como comunidade de Jesus: a Igreja.[90]

Nesse sentido, espero que o discipulado de Maria Madalena inspire muitas mulheres da Igreja a se preocuparem com questões importantes da vida, com as quais o mundo estupidamente marqueteiro não se importa. Entre outras coisas, o mundo se desvive por escolher as mulheres mais influentes da história, se possível, bem-sucedidas economicamente. De fato, tivemos muitas mulheres corajosas que, em seu tempo, mesmo condenadas ao anonimato, sua obra foi, aos poucos, reconhecida e algo delas perdurou... Tudo isso pode ser importante, sobretudo se tratamos da promoção feminina no campo da ciência e da política, não tanto das avultadas contas bancárias. Mas, partindo de um olhar cristão, percebe-se tragicamente que ainda na atualidade elas representam dois terços das pessoas que passam fome no mundo, das que são analfabetas; as mulheres são as mais pobres entre os pobres. Com fundamento podemos seguir ignorando, suprimindo e negando essa situação? Com que fundamento social, científico e teológico seguimos afirmando, até com negligência, que "somos plenamente humanos", racionais, sábios e visionários?

As mulheres não podem ser chamadas de *mero apêndice dos homens*. Nada disso, elas são chamadas para serem, com plenas funções, *cocriadoras* da raça humana, da civilização humana, da igualdade humana.[91]

Enfim, duas propostas, ao menos em âmbito litúrgico (pois focamos esse âmbito), para crescermos na memória e seguirmos esperançando sem desistirmos:

Primeira:

Seria bom que um dia fosse até corrigida ou completada – permitam-me a ousadia – nossa "*Profissão de fé*". Em vez de a comunidade celebrante professar: "Também por nós foi crucificado sob Pôncio Pilatos; padeceu e foi sepultado. Ressuscitou ao terceiro dia, conforme as Escrituras..." (*Símbolo Niceno-Constantinopolitano*), poderia proferir de modo mais evangélico: "**Confessamos que Cristo morreu por nossos pecados, foi sepultado e ressuscitou ao terceiro dia, segundo as Escrituras, e *apareceu a Maria Madalena e depois aos Doze***" (ou aos Onze?). Seria bonito, não é?

Segunda:

Inspirados no reconhecimento que os Padres Gregos ofereciam a Maria Madalena como a "*isapóstolos*" (*ἰσάπόστολος*), vale dizer "igual em dignidade aos apóstolos, seria muito bonito que futuramente – desejando que não passem muitos anos – sua festa litúrgica fosse declarada "*Solenidade*", como é o caso da "*Solenidade dos Apóstolos Pedro e Paulo*" (celebrada em 29 de junho).[92] Assim, toda a comunidade poderia alegrar-se e reconhecer-se também nela.

Termino invocando a intercessão de Maria Madalena, "apóstola dos apóstolos", com o poema de Fernanda Priscila Alves da Silva:[93]

Maria, minha irmã,
venho nesta manhã contigo bendizer
a vida que renasce, o sonho que permanece
a luta, a utopia que não se deixa morrer.
Quero também eu me inclinar.
Quero também ter coragem de abaixar
perceber que é possível o túmulo olhar.
Assim, então, em ti, senhor, abandonar-me.
Quero correr os campos,
atravessar montanhas,
banhar-me em teus rios,
enxugar meu pranto,
escutar o meu nome pronunciado.
Vem comigo então, Maria;
Vem e ensina-me.
Mostra-me a tua coragem,
pois desejo também percorrer as vinhas,
saltar as janelas para encontrar-me com o Amado.
Desejo escutá-lo...
Ouvir a voz do jardineiro: do Deus criador.
Aquele que toca minhas raízes
e aprofunda meu ser em tuas terras,
Meu Deus, Meu amado, Meu Redentor.
Eis que estou aqui, minha companheira,
minha querida Madalena.
Também quero escutá-lo a pronunciar meu nome
e assim reconhecê-lo.
E, assim, voltar-me-ei aos campos
a bendizer e proclamar
que também "*eu vi o Senhor!*"
Também eu senti seu amor.

Pois bem, nas comunidades e na ação catequética, devemos trabalhar corajosamente para restabelecer a verdadeira e autêntica imagem de Maria Madalena e proclamar sua feminina importância apostólica para todas as mulheres (e todos os homens) da Igreja. Que sua presença discipular não fique apenas congelada no início do cristianismo; senão, que saibamos, ainda hoje, inspirar-nos nela, para revigorar a coragem de continuarmos a lutar pelo sonho de que um "outro cristianismo é possível!"

Anexo

Momento de partilha

"Elas levaram a feliz notícia"

• Invocação do Espírito Santo...[94]

• **Dirigente:** *(Se possível, uma mulher)* Sejam bem-vindos a este encontro fraterno. Fazemos parte da mesma comunidade que, desde os primeiros tempos, é impulsionada pelo Divino Espírito Santo. Ele, que guiou, fortaleceu e ungiu as corajosas mulheres para que fossem testemunhas de Jesus Cristo ressuscitado, hoje continua a nos acompanhar derramando sobre nós a sabedoria e a fortaleza para manifestar o que desejamos ser: discípulos missionários.

• **Dirigente:** O material que vocês receberam é para lerem e estudarem agora com calma; podem fazê-lo em grupinhos. Aproveitem para sublinhar, marcar as palavras mais significativas, procurar as citações bíblicas.

• **Uma participante:** As primeiras seguidoras de Jesus gostavam dele para valer. Acompanharam-no até os últimos instantes de sua vida terrena. Foram destemidas anunciadoras da Boa-Notícia de sua ressurreição, criaram coragem e se converteram em evangelizadoras de todos. Escutemos seu testemunho.

Evangelho de Lucas 24,1-12 –
Momento de silêncio

(Esmiuçar o texto...)

- **Dirigente:** Formemos grupos de dois ou três para conversarmos sobre o texto, a partir de algumas perguntas-guia. *(Anotar em folha as contribuições.)*

- **Uma primeira aproximação**

– O que se narra no texto?
– Onde e quando se desenvolvem esses fatos?
– Quem são as personagens?

- **Uma segunda aproximação**

– Quem são as mulheres? Onde estão? Para que foram ao túmulo?
– *O que* encontram e *o que não* encontram no túmulo?
– Qual é a reação delas?
– Quem são os "homens vestidos de branco"?
– O que advertem às mulheres?

- **Diante do testemunho das mulheres**

– Como os apóstolos reagem?
– Como reage Pedro? Por quê?

- **Dirigente:** Façamos um plenário com as contribuições de cada grupo. Fiquemos à vontade para perguntar sobre o conteúdo exposto e para fazer esclarecimentos...

Momento para pensar...

- Nossa comunidade "fica" se lamentando, olhando para o túmulo, sem respostas ou vive da "alegria de Cristo Ressuscitado"?

• Como é a situação das mulheres em nossa comunidade? Dão testemunho do Mistério Pascal do Senhor?
• Nas celebrações eucarísticas, resplandece o sentido mistagógico do Mistério Pascal celebrado?
• Os apóstolos não acreditaram no testemunho das mulheres. Acontece hoje algo parecido? Está suficientemente valorizado o papel da mulher dentro das comunidades e da Igreja? Podemos colocar algum exemplo?

Para pensarmos ainda

• Maria Madalena e aquelas mulheres representam o melhor do Amor que uma mulher pode manifestar a respeito de Jesus. Será que elas nos ensinam a buscar Jesus vivo e atuante, sempre e sem desistir?
• Como as mulheres podem contribuir para o anúncio do Evangelho e para a prática da solidariedade fraterna?
• O que pode significar para vocês, hoje, ajudar a transformar a realidade de desânimo e desinteresse pela vida cristã?

Material para aprofundar o texto (Lucas 24,1-12)

• Aos primeiros cristãos custou muito amadurecer a fé, compreender a vitória de Cristo sobre a morte para ser o "Vivente Ressuscitado". Necessitaram ter uma experiência pessoal e comunitária de que, em Jesus, Deus interveio de forma inédita e definitiva na história. Eles cresceram na consciência de que eram testemunhas privilegiadas de algo extraordinário; e isso não podia ficar só para eles.

• Percebemos no texto que tudo acontece "*no primeiro dia da semana, ao amanhecer*". É o primeiro dia na história de uma nova humanidade. Um novo projeto de humanização. Nós, cristãos, chamamos esse primeiro dia de "Domingo", que significa "dia do Senhor". E, assim, todos os domingos, fazemos "memória" de que Jesus é o Cristo e o Senhor, que, com sua ressurreição, venceu todas as trevas e toda raiz do pecado, que ameaça devorar a humanidade.

• Como de costume, Maria Madalena e algumas mulheres foram ao túmulo para preparar o corpo exânime de Jesus. Mas elas viram que alguma coisa tinha acontecido: a pedra, corrida, o lugar, onde colocaram o Senhor, vazio! Precisaram da inspiração do Divino Espírito Santo para "poder entender"; humanamente não tem explicação. Esta chegou a elas pela boca "de homens vestidos de branco" (ação divina).

• As mulheres tiveram importante protagonismo nesses relatos, pois a elas, em primeiro lugar, foi anunciada a ressurreição de Jesus. Elas o acompanharam durante toda a sua vida e todo o seu ministério como discípulas. Isto é uma grandiosa revelação de Lucas (cf. *Lucas* 8,1-13): foram testemunhas de sua horrenda morte na cruz (*Lucas* 23,49), receberam a mensagem pascal antes de Pedro e comunicaram aos apóstolos o que tinha acontecido (*Lucas* 24,1-12). Elas, sem dúvida, com sua presença e seu testemunho, foram colunas basilares nos inícios do movimento cristão (*Atos* 1,14).

• Os discípulos homens não acreditaram nas mulheres. Coisa corriqueira naquele tempo: a mulher não podia ser testemunha de coisa nenhuma. A incredulidade dos apóstolos manifesta o pouco crédito que as mulheres gozavam naquela cultura patriarcal. Eles acharam que, para que o movimento cristão pudesse "ir para frente" sem "ser desprezado", os homens deviam ganhar crédito e protagonismo. É curioso observar que, para *substituir Judas* (*Atos* 1,21-22), o futuro membro apostólico devia ter participado na missão de Jesus e ser testemunha de sua ressurreição, conforme as mulheres o foram primeiramente, mas também *devia ser homem*!

• Enquanto as mulheres ouvem e atendem o testemunho sobre a ressurreição de Jesus, os discípulos homens escutam, mas "não acreditam". Fé e testemunho cristão são realidades que se apoiam mutuamente. Acolher a fé implica entrar em um processo de amadurecimento de modo pessoal, vivificar-se com o testemunho de outros que acreditam (comunidade) e, por sua vez, entregar-se com fervor ao anúncio missionário. Nesse sentido, o papel das mulheres no texto evangélico é paradigmático e digno de ser imitado.

Para pensarmos! Maria Madalena e aquelas mulheres representam o melhor do Amor que uma mulher pode manifestar a respeito de Jesus. Que elas nos ensinem a buscar Jesus vivo e atuante, sempre e sem desistir!
• Como as mulheres podem contribuir para o anúncio do Evangelho e para a prática da solidariedade fraterna?
• O que pode significar para vocês, hoje, ajudar a transformar a realidade de desânimo e desinteresse pela vida cristã?

REFERÊNCIAS BIBLIOGRÁFICAS

ARNS, Paulo Evaristo e outros. *Mulheres da Bíblia*. São Paulo: Paulinas, 2004. p. 245-250.

BARREIRO, Álvaro. *Vimos a sua glória. Como Jesus vê e olha e como é visto no evangelho de João*. São Paulo: Paulinas, 2005.

UBIETA, Carmen Bernabé. *Qué se sabe de... María Magdalena*. Estella: EDV, 2020.______. *Con ellas tras Jesús. Mujeres modelos de identidad cristiana*. Estella: EVD, 2017 (5ª reimpressão).

BORTOLINI, José. *Meditando com pecadores e pecadoras do evangelho*. São Paulo: Paulus, 2001.

BROSSIER, François. *"Maria Maddalena era uma prostitua"*. In: Il mondo della Bibbia. *30 idee correnti sulla Bibbia* – 121, janeiro/fevereiro, 2014. p. 34.

CASTILLO, José Maria. *La religión de Jesus. Comentário al Evangelio diário – 2020*. Bilbão: Desclée De Brouwer, 2019.

CHITTISTER, Joan. *Para aprofundar o Creio*. São Paulo: Paulinas, 2018.

______. *Entre la oscuridad y la luz del día. Abrazar las contradicciones de la vida*. Maliaño: Sal Terrae, 2017.

EVANGELISTA, Conceição. *O papel da mulher no cristianismo primitivo a partir da Samaritana*. São Leopoldo: CEBI, 2018.

LOPES, Mercedes. *Encontros para esperançar. Mulheres no Evangelho de João*. São Leopoldo: CEBI, 2020.

MARTINI, Carlo Maria. *María Magdalena*. Maliaño: Sal Terrae, 2018.

MOURA, Fátima Maria Carvalho Rocha de. *Maria Madalena a discípula amada*. São Leopoldo: CEBI, 2013.

PAGOLA, José Antonio. *O caminho aberto por Jesus – João*. Petrópolis: Vozes, 2013. p. 237-243.

_______. *Jesús. Aproximación histórica*. Buenos Aires: PPC, 2013. p. 233-239.

PEREIRA, Sandra Regina. *As mulheres e o patriarcado nas comunidades paulinas*. São Leopoldo: CEBI, 2015.

PERRONI, Marinella. *Le donne di Galilea. Presenze femminili nella prima comunità cristiana*. Bologna: EDB, 2015.

_______. (org.). *Corpo a Corpo. La Bibbia e le donne*. Cantalupa: Effatà, 2015.

PERRONI, Marinella/SIMONELLI, Cristina. *Maria de Magdala. Uma genealogia apostólica*. São Paulo: Paulinas, 2017.

PUERTO, Mercedes Navarro. *Los rostros bíblicos de María. Exégesis y hermenéutica bíblica feminista*. Estella: EDV, 2020. p. 287-298.

RICCI, Carla. *Le Maria Maddalena. L'Amata di Gesù nei testi apocrifi* (Piccola biblioteca teologica). Torino: Claudiana, 2017.

SILIEZAR, Carlos Raúl Sosa. *La condición divina de Jesus. Cristologia y criación en el evangelio de Juan*. Salamanca: Sígueme, 2016.

VASCONCELLOS, Pedro Lima. *Lendo o Evangelho segundo João. Para que todos tenham vida*. São Paulo: Paulus, 2018.

NOTAS DE FIM

[1] Cf. Marinella PERRONI/Cristina SIMONELLI. *Maria de Magdala*. Uma genealogia apostólica. São Paulo: Paulinas, 2017. p. 15.

[2] Elena GIANNARELLI. "*La santa dalle molteplici identità: viaggio intorno a Maria di Magdala*". In: PERRONI/SIMONELLI. Maria de Magdala – nota 22. p. 23.

[3] Lucas explicita só uma vez (8,2) que se trata de um sobrenome "a chamada Madalena" (ἡ καλουμένη Μαγδαληνή). Embora muito menos do que a respeito de Pedro, mencionado 94 vezes (Cf. PERRONI/SIMONELLI. Maria de Magdala. p. 40).

[4] As famílias viviam unidas pelos vínculos familiares, nos quais as mulheres faziam toda a tarefa doméstica. Sua maior virtude era a total submissão; esperava-se delas "modéstia" e que estivessem fechadas em seu próprio mundo a serviço do homem da casa. Eram importantes nas extremidades da vida: no nascimento e na morte. Eram consideradas "inferiores aos homens, em tudo dependentes deles". O pai tinha autoridade absoluta sobre as mulheres da família, pois eram "patrimônio do pai de família"; todos lhe deviam obediência. Ele negociava os matrimônios das filhas, organizava o trabalho e definia os direitos e os deveres familiares. Na realidade, a mulher sempre pertencia a alguém: de filha, pertencia a seu pai; de esposa, a seu marido. Elas não recebiam instrução religiosa por serem consideradas "ignorantes e incapazes de compreender a Lei"; por isso, os Doutores da Lei não tinham discípulas (cf. Guillermo D. MICHELETTI. Como falar de Maria na catequese. São Paulo: Ave-Maria, 2021, p. 26; Conceição EVANGELISTA. O papel da mulher no cristianismo primitivo. p. 12-13; BALCH. Let women be submissive, 1981).

[5] Cf. Raymond E. BROWN. Cristo en los Evangelios del Año Litúrgico. Santander: Sal Terrae, 2010, p. 55-67; Juan Antonio ESTRADA. De la salvación a un proyecto de sentido. Por una cristología actual. Bilbao: Desclée De Brouwer, 20192. p. 31-34.

[6] Cf. Carmen Bernabé UBIETA (org.). Con ellas tras Jesús. Mujeres modelos de identidade cristiana. Estella: EVD, 2017 (5ª reimpressão), p. 11-22.

[7] Cf. PERRONI/SIMONELLI. Maria de Magdala – nota 41. p. 44.

[8] Estamos diante de um evento que manifesta contornos verificáveis historicamente: o túmulo vazio, os panos abandonados, o testemunho das mulheres, dado inusitado e real sem a menor dúvida, pois nunca poderia ter-se "inventado" um testemunho feminino, inválido juridicamente, para as leis do Oriente antigo (cf. Gianfranco RVASI. Piedras de tropiezo en los Evangelios. Las palabras escandalosas de Jesús. Maliaño: Sal Terrae, 2016, p. 95).

[9] Cf. PERRONI/SIMONELLI. Maria de Magdala – nota 41. p. 48-49.

[10] Tariquea-Magdala foi fundada na época dos asmoneos (século II a.C.). Lugar destacado na rota da famosa "Via Maris"; espécie de grande "autopista", que, desde o Egito, continuava paralela à costa até o Norte, chegando à antiga cidade e planície de Megido. Em Megido, dividia-se em duas vias: uma que continuava pela costa até Tiro e Sidon, e a outra, em direção ao mar da Galileia, atingindo o centro portuário de Tariquia/Magdala. Estrada de trânsito obrigatório para os exércitos que desejavam atingir a Via Egnatia (que conduzia à Grécia e a Roma); também de mercancias e até de ideias filosóficas que passavam de boca em boca por aquelas regiões (Carmen BERNBÉ. *Qué se sabe de María Magdalena*, p. 52-53).

[11] As escavações arqueológicas demonstram que foi um porto muito importante, com uns 300 metros de comprimento, várias vezes remodelado e ampliado. Na época da dominação romana, eles anexaram um lugar de lazer com termas de água quente. Foi, sem dúvida, nó de comunicações e estradas comerciais que unia várias localidades. Isso aparece testemunhado pelo achado de inúmeras moedas de diferente procedência.

[12] Descrição das escavações dirigidas pelo Pe. Juan Solana. Diretor do Centro Notre-Dame de Jerusalém.

[13] Cf. Carmen BERNABÉ. *Qué se sabe de María Magdalena*. Estella: EVD, 2020. p. 51-52. As escavações arqueológicas parecem confirmar que a cidade de Maria Madalena seria, na verdade, a Tariquea descrita por Flavio Josefo.

[14] Cf. BERNABÉ. *Qué se sabe de María Magdalena*, p. 57; 59-60; INSTITUTO HUMANITAS UNISINOS ON-LINE. A cidade de Maria Madalena como era nos tempos de Jesus. In: IHU 546, 16 dezembro, 2019.

[15] Essa menção de Maria Madalena junto de outras mulheres não será acaso para lembrar de modo bem discreto como todos os discípulos preferidos de Jesus haviam fugido, conforme Ele anunciara? Para assistir à cena da crucifixão e sofrer com Jesus, só havia mulheres! (cf. BENOIT. In: EVANGELISTA. *O papel da mulher no cristianismo primitivo*. p. 24).

[16] Cf. José BORTOLINI. *Meditando com pecadores e pecadoras do evangelho*. p. 28-29.

[17] Patrícia Zaganin Rosa MARTINS/Ildo PERONDI. Maria Madalena, anunciadora da ressurreição e modelo de discipulado cristão (Jo 20,1-18). In: *Brasília*: Edições CNBB, 2018. p. 73.

[18] O número 7 representa a perfeição. Por isso Jesus dirá a Pedro que deve perdoar a seu irmão até 70 vezes 7. Pode também expressar a perfeição do mal ou do sumo mal, como, por exemplo, quando Jesus ensina que, se um espírito sai de um homem, regressa com outros 7 piores, ou quando expulsa 7 demônios de Maria Madalena. Por seu significado de perfeição, esse número aparece sempre em referência às coisas de Deus. O Apocalipse é o livro que mais o utiliza: 54 vezes para descrever simbolicamente as coisas divinas – as 7 Igrejas da Ásia, os 7 espíritos do trono de Deus, as 7 trombetas, os 7 candelabros, os 7 chifres, os 7 olhos do Cordeiro, os 7 tronos, as 7 pragas, os 7 cálices que se derramam. Muito se enganam quando tomam esse número como se fosse uma quantidade ou um tempo real. A seguir, a tradição da Igreja continuou com esse simbolismo; por isso limitou a 7 os Sacramentos, os dons do Espírito Santo, as virtudes ... (cf. Ariel Álvarez VALDÉS. *Que sabemos sobre a Bíblia?* Aparecida: Santuário, 1997. p. 9-10).

[19] A modo de referência, em alguns escritos, os sete demônios faziam referência a "sete espíritos piores" ou "espíritos do erro". Assim o trata o Testamento de Ruben (apócrifo do I século a.C.), quando os descreve: O primeiro é espírito da impudicícia; o segundo, espírito da cobiça; o terceiro espírito de contendas; o quarto, de complacência; o quinto, de soberba; o sexto da mentira; e o sétimo, o espírito da injustiça. A todos esses "espíritos" é dado o espírito do sono, que é o espírito do engano e da imaginação (cf. Alberto MAGGI. *Jesus e Belzebu. Satanás e Demônios.* Aparecida: Santuário. p. 87-88).

[20] É bom esclarecer que o "demônio" (δαίμων) na Bíblia não se trata de uma pessoa, mas de "uma coisa". Por desconhecimento da medicina, as pessoas que agiam de forma estranha ou falavam e agiam de maneira incompreensível eram tidas como "endemoninhadas". Assim, a mentalidade popular antiga criou esse vocábulo para designar poderes impessoais e forças maléficas, capazes de entrar nas pessoas e provocar enfermidades. Hoje, com os avanços da medicina, da psicologia, da psiquiatria, da parapsicologia, da antropologia cultural, bem como da ciência, da religião e das ciências sociopolíticas, sabe-se que eram doenças de causas desconhecidas ou de alguma anormalidade psicofísica, como doenças mentais ou psicossomáticas, histerias, neuroses, psicoses ou até fenômenos paranormais. Além disso, acrescenta-se ainda graves problemas de nutrição e as condições de baixa autoestima, a forma de resistência contra uma sociedade violenta e de exclusão (especialmente das mulheres), em que as pessoas eram seriamente fragilizadas e em alto grau de vulnerabilidade, sem forças para reagir. Por outra parte, sabemos que a ordem dos exorcistas, que permaneceu até 1972, foi abolida pela iniciativa do papa Paulo VI: "Em nossos dias, o característico ministério do exorcista... está reduzido a um serviço eventual, e de fato somente subsistirá se os bispos os requerem, sem que se tenha previsto nenhum rito para o conferimento. Uma decisão desse gênero não significa, evidentemente, que o presbítero não tenha mais o poder de exor-

cizar...; mas isto obriga a constatar que a Igreja, não outorgando a esse ministério uma função específica, não reconhece mais aos exorcismos a importância que possuía nos primeiros séculos. Sem dúvida, essa evolução merece ser levada em conta" (SAGRADA CONGREGAÇÃO PARA A DOUTRINA DA FÉ. Fé cristã e demonologia – Roma 26/06/1976) (cf. Ildo Bohn GASS. *Satanás e os demônios na Bíblia*. São Leopoldo: CEBI, 2013. p. 45; MAGGI. *Jesus e Belzebu*. p. 89; Ariel Alvarez VALDÉS. *Que sabemos sobre a Bíblia?* Aparecida: Santuário, 1999, p. 9-12). Um grande biblista acrescenta que não existem possessões do demônio. A grande maioria dos biblistas afirma que é muito difícil determinar a historicidade dos relatos concretos de possessão diabólica no Novo Testamento. Por exemplo, é significativo que o evangelista João jamais fale de possessão nenhuma do demônio. No entanto, certamente, detrás desses relatos existe uma significativa e profunda teologia que, para ser interpretada corretamente, é preciso conhecer a conceição do mundo e do pensamento das pessoas – inclusive de Jesus – no século I (cf. Raymond E. BROWN. *101 preguntas y respuestas sobre la Biblia*. Salamanca: Sígueme, 2018, p. 77).

[21] Não era raro achar mulheres que dispusessem de certa autonomia econômica, bem como mulheres empresárias (1Coríntios 1,11; Atos 16,14). Como também não se sabe de mulheres que tivessem exercido cargos políticos. No mundo religioso, ocuparam postos de relevância: pitonisas, sacerdotisas e diaconisas (Eduardo ARENS. *Ásia Menor nos tempos de Paulo*, Lucas e João, p. 78-79).

[22] Cf. PLÍNIO. Epistolas, IV, 14; X, 65.

[23] Os biblistas unanimemente admitem que Maria Madalena não é a pecadora do capítulo 7 de Lucas, nem a adúltera de João 8,1-11; PERRONI/SIMONELLI. *Maria de Magdala*, p. 48.

[24] A anorexia nervosa é um distúrbio alimentar, resultado da preocupação exagerada com o peso corporal e que pode provocar problemas físicos graves. A pessoa se olha no espelho e, embora extremamente magra, enxerga-se obesa. Com medo de engordar ainda mais, exagera na atividade física, jejua, vomita, toma laxantes e diuréticos. A anorexia se manifesta principalmente em mulheres jovens, embora sua incidência esteja aumentando também em homens. Às vezes, os portadores do transtorno chegam a graus extremos da desnutrição. Nesses casos, o índice de mortalidade varia entre 15% e 20% (Drauzio VARELLA).

[25] JUSTINO. Diálogo com Trifón, 69,7. Ainda no século IV, São Jerônimo escreve em uma carta que "mago é um outro nome dado pelos judeus ao meu Senhor" (Carta XLV, 6, Ad Asella) (Alberto MAGGI. *Jesus e Belzebu Satanás e Demônios*. Aparecida: Santuário, 2003. p. 115).

[26] Cf. Fátima Maria C. Rocha de MOURA. *Maria Madalena, a discípula amada*. São Leopoldo: CEBI, 2013, p. 16.

[27] Cf. BERNABÉ. *Que se sabe de María Magdalena*, p. 62-63; MARTINI. *María Magdalena*, p. 53-58; José M. CASTILLO. *La religión de Jesús*, p. 39; PAGOLA. *Jesús*, p. 233-239; 300-306.

[28] Cf. Juan Alberto Casas RAMÍREZ. Jesús ante la política: luces para hacer frente a los conflictos actuales. In: *Reseña Bíblica* 109/1, 2021, p. 64.
[29] Cf. Alejandro ORTIZ. Escuchar los clamores de laicos e laicas. Oportunidad histórica de reformar la Iglesia en la era Francisco. In: Rafael LUCIANI/Carlos SCHICKENDANTZ (org.). *Reforma de estructuras e Conversión de mentalidad*. In: Ediciones KHAF/Kindle/Spanish Edition. p. 148.
[30] Cf. Carlo M. MARTINI. *María Magdalena*, p. 53-58.
[31] Marinella PERRONI. *Le donne di Galilea* – nota 22, p. 88.
[32] Homiliae in Evangelia, 2,33. PL, 76.
[33] BERNABÉ. *Qué se sabe de... María Magdalena*, p. 30-31.
[34] Cf. PAGOLA. Jesús, p. 246; Lucetta SCARAFFIA. *Você pode dizer que conhece bem Santa Maria Madalena?*, p. 82.
[35] Cf. Álvaro BARREIRO. *Vimos a sua glória*. Como Jesus vê e olha e como é visto e olhado no evangelho de João. São Paulo: Paulinas, 2005. p. 162.
[36] Cf. Patricia R. BLANCO. Maria Madalena era "uma mulher rica", não uma prostituta. Investigação em jazida na cidade de Magdala revela informações que ajudam a reconstruir seu perfil. In: *El País*, Madrid – 3/8/2018 .
[37] Códice em língua copta, misturado com grego (o texto original seria em grego do III século), proveniente do Egito. Adquirido em 1772 (Londres), por um colecionador inglês. O Códice passou a se chamar "Códice Askew". Foi editado numa versão em 4 livros e 148 capítulos (Editor Schmidt, 1925) (Carla RICCI. Maria Maddalena – nota 76, p. 54).
[38] Cf. Lucetta SCARAFFIA. *Você pode dizer que conhece bem Santa Maria Madalena?* p. 82.
[39] Só para quem gosta de voar na fantasia ou para quem tenha frondosa imaginação como o escritor Dan Brown.
[40] Cf. PAGOLA. Jesús – notas 80 e 81. p. 245-246. A figura de Maria Madalena na literatura gnóstica é notável, por exemplo se fala dela em: Diálogo do Salvador, O Evangelho (apócrifo) de Maria, O Evangelho (apócrifo) de Felipe (especialmente), Pistis Sophia.
[41] Luigi MORALDI. *Evangelhos apócrifos*. São Paulo: Paulus, 1999, cf. p. 275.
[42] Escrito provavelmente na Síria, no fim do século II; hoje, tem-se tradução copta do original grego.
[43] Cf. Carla RICCI. *Maria Maddalena*, p. 75-78.
[44] Enzo BIANCHI. Meditações sobre Maria Madalena apóstola. In: UNISINOS/Artigo – 22/7/2016.
[45] Cf. J. B. LIBÂNIO. *Fé*. Rio de Janeiro: Jorge Zahar, 2004, p. 41-46.
[46] Cf. Cardeal Dom Paulo Evaristo ARNS/Gilberto GORGULHO/Ana Flora ANDERSON. *Mulheres da Bíblia*. São Paulo: Paulinas, 2004, p. 250.
[47] Enzo BIANCHI. Meditações sobre Maria Madalena apóstola. In: UNISINOS/Artigo – 22/7/2016. ANA LEITE
[48] A celebração litúrgica que celebra um Santo ou uma Santa como "Festa" é reservada aos apóstolos e a alguns santos particulares e mártires. Esses santos têm seu grau de importância para toda a Igreja devi-

do a seu testemunho de vida e sua doação ao próximo pela fé. Assim, pode acontecer também que alguns santos, em determinadas dioceses ou congregações, tenham seu grau festivo, enquanto no resto da Igreja se comemora como memória. Na celebração festiva, normalmente, canta-se ou recita-se o Glória e há leituras próprias para aquele dia.

[49] Assinado pelo cardeal Robert Sarah do Dicastério da Liturgia e por seu secretário, o arcebispo Arthur Roche.

[50] Cf. Marticelli Dias de MEDEIROS. Papa confirma: Maria Madalena foi apóstola. In: Site DOMTOTAL (06/09/2019); Site: UNISINOS. Papa institui a festa de Maria Madalena (13/06/2016).

[51] Cf. Carmen BERNABÉ. *Qué se sabe de María Magdalena*. Estella: EVD, 2020, p. 220-221.

[52] Este relato parece derivar-se do "Evangelho dos Sinais", fonte utilizada provavelmente pelo redator final do Evangelho. A cena é criação do narrador, desejando transmitir a emotiva intensidade do encontro e confirmar a todos que Maria seguramente foi uma das primeiras testemunhas da experiência pascal. A declaração de Maria Madalena "Rabbuní!" é a invocação arameia para "meu Mestre". Essa invocação em arameu foi logo traduzida ao grego (Διδάσκαλε = mestre). Isso dá a entender que alguns membros da comunidade, a quem foi dirigida a primeira versão do evangelho de João, apenas conheciam o grego (cf. PAGOLA. Jesús – nota 74, p. 243-246; Senén VIDAL. Nuevo Testamento. Maliaño: Sal Terrae, 2015 – nota 388, p. 626).

[53] Luís de Granada, nasceu em Granada (1594), com o nome de Luís Sarria. Sua vida decorreu praticamente em Lisboa, pertencendo à Ordem dos Pregadores (Dominicanos). Devido a sua peculiar inteligência e prudência, em 1543 foi eleito prior do convento de Badajoz e obteve autorização para continuar a ser pregador itinerante. Em 1557 eleito provincial de Portugal, apoiou a criação do Convento de São Domingos. Foi mestre de filosofia, teologia moral e de outras disciplinas. Foi confessor de grandes personalidades de seu tempo. Era estimado por sua vasta erudição, grande eloquência e maravilhosa poesia. Morreu em Lisboa, em 31 de dezembro de 1588.

[54] Cf. Frei Luís de GRANADA. Vida de Cristo, p. 330.335. In: Álvaro BARREIRO. *Vimos sua glória*. São Paulo: Paulinas, 2005, p. 159-160.

[55] Cf. Mercedes LOPEZ. *Encontros para esperançar*. Mulheres no Evangelho de João. São Leopoldo: CEBI, 2020, p. 47-48.

[56] Cf. Mercedes Navarro PUERTO. *Los rostros bíblicos de María*, p. 296-297.

[57] É ainda motivo de debates a forma de traduzir corretamente esta expressão de Jesus. Alguns traduzem: "deixa já de tocar-me", "deixa-me", "não me segures desse modo" (ne me retiens pas ainsi); ou, "não me agarres mais" (do not cling to me) (cf. José María BOVER/José O'CALLAGHAM – Apresentação de Carlo M. MARTINI. Nuevo Testamento Trilingüe. Madrid: BAC 19994 – nota 17, p. 607).

[58] Cf. Marinella PERRONI. *Le donne di Galilea*. Presenze femminili nella prima comunità cristiana. Bologna: EDB, 2015, p. 32-34.

[59] Cf. ESTRADA. *De la salvación a un proyecto de sentido*, p. 387-389.
[60] Joseph Ernest Renan. Nasceu em 28/02/1823 em Tréguier (França). Iniciou seus estudos no colégio eclesiástico da cidade natal. Muito inteligente, em Saint-Sulpice (1843-1845), aprendeu a ler e traduzir hebraico. Entra em "crise religiosa" e abandona a vocação presbiteral. Foi exímio escritor, historiador, filósofo, teólogo e filólogo do hebraísmo. Morreu em Paris, em 02/10/1892. Sua obra "La vie de Jesus" (em Brasil: editado pela Editora Martim Claret – Coleção obra-prima de cada autor) foi escrita fazendo parte da obra em cinco volumes: "Histoire des origines du christianisme" (1863-1881). Decididamente impostada com olhar anticatólico, custou-lhe ardorosas críticas e a suspensão do ensino do hebraico. No entanto reconheceu que as mulheres na vida de Jesus tiveram "papel decisivo". Anos depois, isso foi confirmado por vários estudos, ente eles as pesquisas de Adolf Von Harnack.
[61] Cf. Maria Clara BINGEMER. As mulheres e o Rabi de Nazaré. In: J. B. LIBANIO. *Linguagens sobre Jesus 2*. Linguagens narrativa e exegética moderna. São Paulo: Paulus, 2021 – nota 22, p. 116.
[62] Cf. Elisabeth S. FIORENZA. As origens cristãs a partir da mulher. p. 173. In: EVANGELISTA. *O papel da mulher no cristianismo primitivo*, p. 28; Ivan Carlos Costa MARTINS. Jesus e os grupos periféricos do seu tempo. In: *Por trás da Palavra*, 242, janeiro/fevereiro, 2021, p. 11-12.
[63] Cf. EVANGELISTA. *O papel da mulher no cristianismo primitivo*, p. 29.
[64] Cf. ESTRADA. *De la salvación a un proyecto de sentido*, p. 17.
[65] Antonella LUMINI. Madalena, emancipada pelo Espírito. UNISINOS/ Artigo – 22/07/2016.
[66] Citado em María José ARANA. *Cuando los Sacramentos se hacen vida*. Bilbao: Desclée De Brouwer, 2008. p. 86.
[67] Cf. Michael IVENS. Understanding the Spiritual Exercises, 1998, p. 162. In: Alfredo Sampaio COSTA. *Os relatos das aparições do Ressuscitado:* desejo de transmitir vida: Palavra & Presença – 23/04/2021.
[68] Cf. Patrícia Zaganin Rosa MARTINS/Ildo PERONDI. Maria Madalena, anunciadora da ressurreição e modelo de discipulado cristão (Jo 20,1-18). In: Brasília: Edições CNBB, 2018. p. 167.
[69] Cf. MARTINS/PERONDI. *Maria Madalena, anunciadora da ressurreição e modelo de discipulado cristão* (Jo 20,1-18), p. 167.
[70] Cf. COSTA. *Os relatos das aparições do Ressuscitado*.
[71] Cf. Joan CHITTISTER. *Para aprofundar o Creio*. São Paulo: Paulinas, 2008, p. 158-159.
[72] Cf. Nuria CALDUCH-BENAGES. "Creo que no veremos mujeres diácono". In: *Informativo Servir en las Periferias*, 73, abril 2021, p. 20.
[73] Cf. Luise SCHOTTROFF. Mulheres no Novo Testamento: exegese numa perspectiva feminista, p. 79. In: *EVANGELISTA. O papel da mulher no cristianismo primitivo*, p. 31.
[74] Cf. Joseph MOINGT. Las mujeres y el porvenir de la Iglesia. In: *Etudes* 4141, janeiro, 2011. O Autor é considerado um dos maiores teólogos

do nosso tempo, presbítero religioso jesuíta. Nasceu em 1915, em Salbris, França. Professor de teologia na Faculdade Jesuíta de Lyon-Fourvière e no Institut Catholique de Paris. De 1968 a 1997, foi Diretor da Recherches de Science Religieuse. Morreu em Paris, em 28 de julho de 2020. Uma de suas obras mais importantes: "Deus, que vem ao homem" em dois volumes, publicada pela Editora Loyola.

[75] A Irmã Nathalie Becquart foi nomeada, com direito a voto, pelo papa Francisco, para assumir a Subsecretária do Sínodo dos Bispos (primeira vez na história que uma mulher tem direito a voto nessa assembleia). In: Boletín Religión Digital – 9/6/2021.

[76] Atualmente, as mulheres teólogas são as mais dinâmicas, criativas e audaciosas no campo teológico. A ausência da mulher na teologia e o fato de haver cultivado a teologia apenas com olhar masculino (em sua maioria celibatários), deu à teologia uma índole predominantemente racionalista, fria, abstrata, afastada do calor da vida real do povo. A teologia feita com olhos e coração femininos adquire maior sensibilidade humana, realismo, corporeidade, cordialidade, beleza, poesia, compaixão, sentido profético e utópico e uma forte impronta espiritual e mística (cf. Víctor CODINA. *Sueños de un viejo teólogo*. Una Iglesia en camino. Bilbao: Mensajero, 2017, p. 182-183).

[77] Dom Claudio Hummes, relator-geral do Sínodo da Amazônia, falando sobre a presença das mulheres naquela região, disse que deve ser reconhecido o trabalho delas dentro desse território, porque grande parte, cerca de 70% das comunidades dentro da Amazônia, é dirigida por elas: elas são as líderes. E esse é um trabalho verdadeiramente maravilhoso que devemos reconhecer, louvar e apoiar tanto quanto necessário. Elas dizem: "Não, não queremos que digais bem, bem... não. Deveis reconhecer, antes de tudo, e também dar mais um passo, aceitando-nos como líderes, com mais força e autoridade" (Silvonei PROTZ. Um processo sinodal que continua. O cardeal Cláudio Hummes traçou um balanço da assembleia especial para a Amazônia. In: *L'Osservatore Romano*, 45, 05/11/2019. p. 10-11).

[78] Leo-Jozef SUENENS (Bélgica, 16/7/1904-6/5/1996). Arcebispo de Malinas-Bruxelas e Cardeal desde 1962. Presidente da Conferência Episcopal Belga. O papa Paulo VI o nomeou moderador do Concílio. Grande defensor do ecumenismo, e do diálogo, e da adaptação da Igreja ao mundo moderno.

[79] Cf. Santiago MADRIGAL. *El giro eclesiológico en la recepción del Vaticano II*. Maliaño: Sal Terrae, 2017 – nota 17. p. 45.

[80] Cf. Guillermo D. MICHELETTI. *A Homilia*. São Paulo: Paulus, 2021, p. 24-25.

[81] Cf. Serena NOCETI. Reforma e inculturación de la Iglesia en Europa. In: Antonio SPADARO/Carlos María GALLI. *La reforma y las reformas en la Iglesia*. Maliaño: Sal Terrae, 2016, p. 554-560.

[82] Em algumas argumentações antropológicas, subsiste ainda hoje o pensamento medieval de Tomás de Aquino, provavelmente baseado

em uma hermenêutica limitada da Primeira Carta aos Coríntios, na qual aparece uma forte "desvalorização" da mulher, sempre inferior ao homem. A modo de exemplo: a mulher não está libertada da dependência do pai (1Coríntios 7,36-38), nem do marido (1Coríntios 11,3.7; Efésios 5,22-33). Diante do pai e do marido, a atitude básica da mulher será de "submissão e obediência". No ensinamento oficial da sinagoga, a mulher deve ser sempre "submissa e calada" (cf. José M. CASTILLO. A humanidade de Jesus. Petrópolis: Vozes, 2016. p. 51-54; Juan ARIAS. *A Bíblia e seus segredos*. Rio de Janeiro: Objetiva, 2004, p. 74-75).

[83] Com o *Motu Proprio Spiritus Domini*, o Papa estabeleceu que as mulheres podem ter acesso aos ministérios do Leitorado e Acolitado, atribuídos por meio de um ato litúrgico. Diz o Papa que, depois de ter ouvido o parecer dos Dicastérios competentes, decidiu prover a modificação do cânone 230§1 do Código de Direito Canônico. Portanto, no futuro, o cânone seja assim redigido: "Os leigos que tiverem a idade e as qualidades estabelecidas por decreto da Conferência dos bispos podem ser assumidos estavelmente, mediante o rito litúrgico prescrito, para os ministérios de leitores e acólitos; o ministério, porém, a eles conferido não lhes dá o direito ao sustento ou à remuneração por parte da Igreja" (cf. Papa FRANCISCO. Spiritus Domini. In: *Revista de Liturgia*, 284, março/abril, 2021, p. 8).

[84] *Motu Proprio "Antiquum ministerium"*, assinado pelo papa Francisco em 10/5/2021, na memória litúrgica de São João de Ávila, presbítero e doutor da Igreja.

[85] O Deus que acalenta com carinho maternal sua geração terrenal. "... Há, ainda, a intepretação do verbo que está na raiz da palavra feminina ruah, e que indicaria o respiro forte, ofegante. Seria a respiração da mulher dando à luz. As diferentes nuanças de interpretação têm um fundo comum: uma forma materna de criar" (cf. Luiz Carlos SUSIN. *A criação de Deus* [5 Deus e criação]. São Paulo: Siquem/Paulinas, 2003, p. 58).

[86] Cf. Joan CHITTISTER. *Para aprofundar o Creio*. São Paulo: Paulinas, 2008, p. 192-194.

[87] Cf. José I. González FAUS. *As 10 heresias do Catolicismo Atual*. Petrópolis: Vozes, 2015, p. 162.

[88] Cf. Virginia R. AZCUY. *Reforma inclusiva de la Iglesia católica*. Significado y profecia de uma recepción inacabada. In: Rafael LUCIANI/ Carlos SCHICKENDANTZ. *Reforma de estructuras y conversión de mentalidades*. E-Book KHAFT, 2020.

[89] Cf. Adriana VALERIO. *A presença feminina no Vaticano*. As 23 mulheres do Concílio. São Paulo: 2014 – nota 5, p. 21.

[90] Cf. José Luis Gomes de SEGURA. Querida Madre Iglesia: ¿Eres mujer porque eso es lo que Dios quiso, para compensar tanto patriarcado en la historia de la humanidad? In: *Revista Digital*, 22 de maio de 2021.

[91] Cf. Joan CHITTISTER. *Entre la oscuridad y la luz del día*, p. 100-101.

[92] Como dado curioso, a festa dos Apóstolos era datada em 29 de julho. Essa celebração tão antiga, como querida do povo cristão, era

festejada muito antes das festas do Natal. Na festa dos Apóstolos, é costume realizar a "Coleta do Óbolo de São Pedro" no mundo inteiro. Sua origem remonta ao século VII, quando os povos anglo-saxões, ao conhecerem o cristianismo, decidiram homenagear o "Vigário de Cristo na terra" com um espontâneo "contributo anual", chamado "denarius Sancti Petri" (cf. Guillermo D. MICHELETTI. *Celebrar o Ano Litúrgico*. Tempo comum e Festas. São Paulo: Ave-Maria, 2013, p. 74-75).

[93] Cf. MOURA. *Maria Madalena a discípula amada*, p. 52-53.

[94] Esquema inspirado em: EQUIPO BÍBLICO VERBO. *Ellas llevaron la noticia. Recurso para un encuentro bíblico parroquial.* Estella: EVD, 2019 (tradução e adaptação GDM).

Este livro foi composto com as famílias tipográficas Segoe UI e Segoe UI
e impresso em papel Offset 63g/m^2 pela **Gráfica Santuário.**